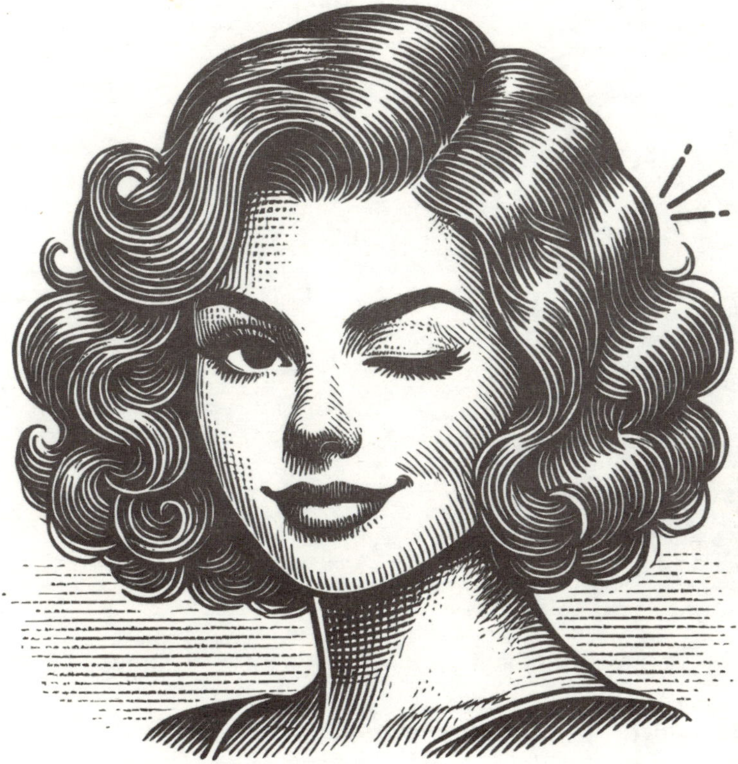

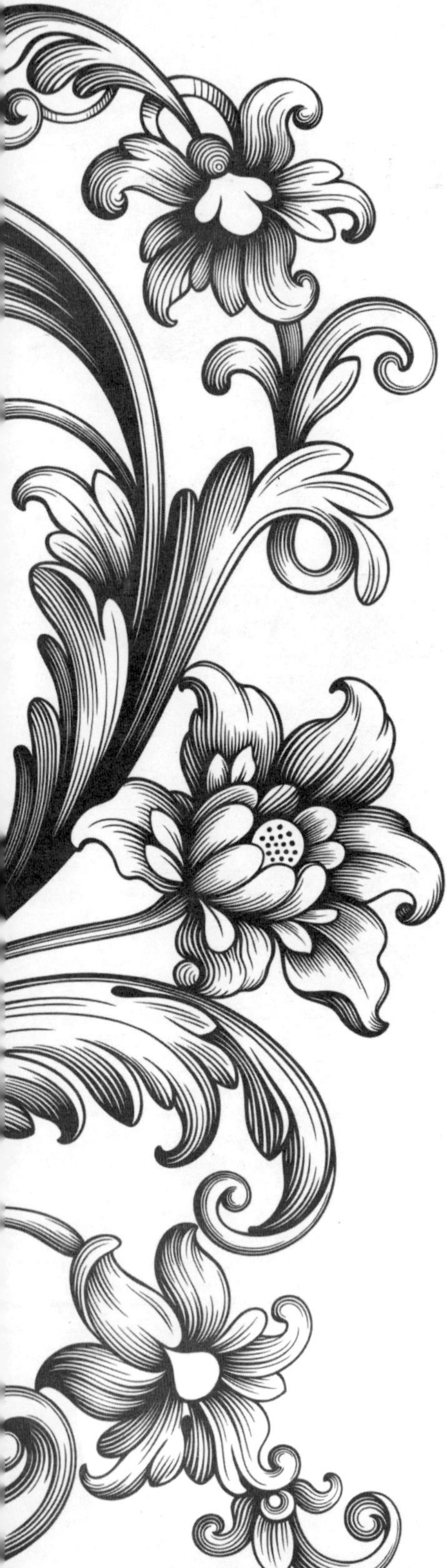

ELIZABETH GEORGE

31 coisas que toda mulher deve saber

Reflexões práticas sobre família, fé, relacionamentos e vida profissional

Título original: *Proverbs for a Woman's Day*
Copyrigth © 2017 por Elizabeth George.
Publicado originalmente por Harvest House Publisher. Eugene, Oregon 97402
www.harvesthousepublishers.com

2ª edição: abril de 2025

Tradução: Karina Lugli de Oliveira
Revisão: Josemar S. Pinto, Priscila Porcher e Marcelo Rodrigues
Projeto gráfico e diagramação: Sonia Peticov
Capa: Julio Carvalho
Editor: Aldo Menezes
Coordenador de produção: Mauro Terrengui
Impressão e acabamento: Imprensa da Fé

As opiniões, as interpretações e os conceitos desta obra são de responsabilidade de quem a escreveu e não refletem necessariamente o ponto de vista da Hagnos.

Todos os direitos desta edição reservados à
EDITORA HAGNOS LTDA.
Rua Geraldo Flausino Gomes, 42, conj. 41
CEP 04575-060 — São Paulo, SP
Tel.: (11) 5990-3308

E-mail: editorial@hagnos.com.br | Home page: www.hagnos.com.br
Editora associada à Associação Brasileira de Direitos Reprográficos (ABDR)

Dados Internacionais de Catalogação na Publicação (CIP)

George, Elizabeth

31 coisas que toda mulher deve saber: reflexões práticas sobre família, fé, relacionamentos e vida profissional / Elizabeth George; tradução de Karina Lugli Oliveira. – 2. ed. - São Paulo: Hagnos, 2025.

ISBN 978-85-7742-617-1
Título original: Proverbs for a Woman's Day

1. Bíblia. Provérbios - Crítica e interpretações, etc. 2. Mulheres cristãs - Vida religiosa I. Título II. Oliveira, Karina Lugli

25-0935   CDD 248.843

Índices para catálogo sistemático:
1. Mulheres cristãs - Vida religiosa

Angélica Ilacqua CRB-8/7057

Sumário

Querida amiga que busca a sabedoria de Deus 9

1. Iniciando o seu dia a dia 13
   Sabedoria

2. Educando filhos com empenho 21
   Criação de filhos

3. Encontrando paz em um mundo de caos 28
   Confiança em Deus

4. Guardando o seu coração 35
   Vigilância

5. Sendo uma esposa fiel 44
   Casamento

6. Seguindo o conselho de Deus 52
   Caráter

7. Vivendo uma vida de pureza 59
   Moralidade

8. Levando uma vida marcada pela sabedoria 67
   Sucesso

9. Criando um lugar chamado lar 75
   Vida doméstica

10. Abençoando os outros com as suas palavras 82
    Boca

11. Aprimorando o seu caráter 90
    Virtudes

12. Tornando-se mais hábil a cada dia 98
    Aprendizado

13. Falando a verdade 108
    Palavras

14. Andando em obediência 117
    Fidelidade

15. Desfrutando dos benefícios da sabedoria 125
    Escolhas

16. Crendo que o seu Pai celestial sabe o que é melhor 132
    Orientação

17. Sendo uma boa amiga 139
    Amizade

18. Encontrando o bem 147
    Uma esposa segundo o coração de Deus

19. Derrotando o seu pior inimigo 154
    Ira

20. Obtendo todo conselho que puder 162
    Aconselhamento

21. Planejando — e vivendo — o seu dia à maneira de Deus 171
    Gestão pessoal

22. Instruindo a criança para Deus 179
    Educação de filhos

23. Escolhendo o que você come e bebe 187
    Saúde

24. Seguindo o plano de Deus para obter sucesso 194
    Diligência

25. Sendo fiel em tudo 202
    Confiabilidade

26. Deixando a preguiça 210
    Disciplina pessoal

27. Sendo cautelosa em um mundo sem cautela............218
    Bom senso

28. Cultivando um coração generoso......................227
    Finanças

29. Humilhando-se diante de Deus.........................235
    Humildade

30. Conhecendo a Deus....................................244
    O objetivo principal

31. Tornando-se bela aos olhos de Deus...................253
    Excelência

Apêndice 1...263
Apêndice 2...267
Sobre a autora...271

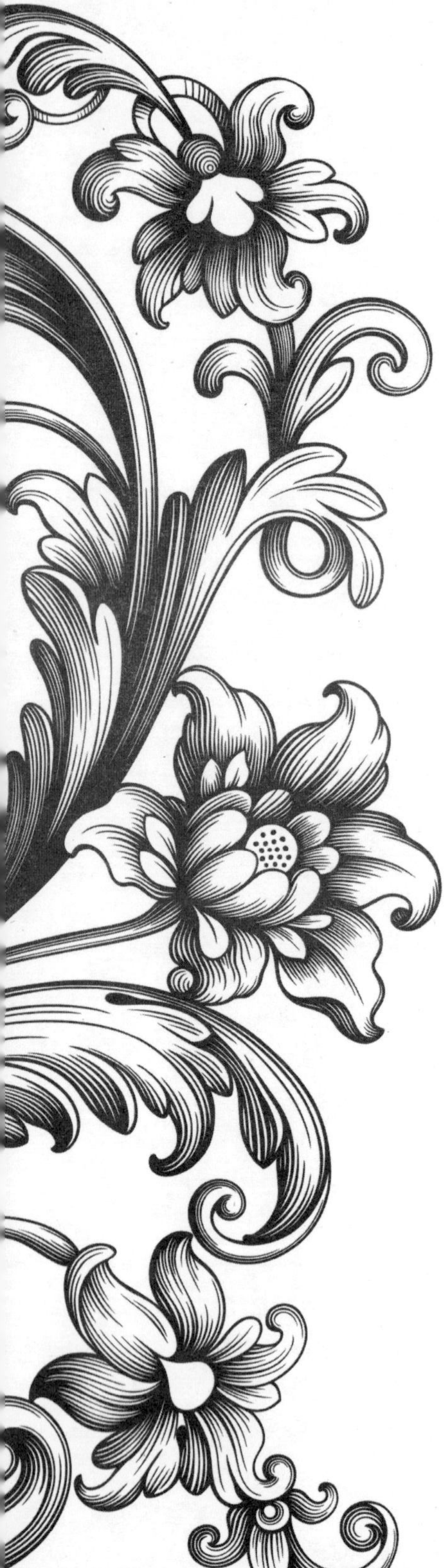

Querida amiga que busca a sabedoria de Deus

Seja bem-vinda... e obrigada por se juntar a mim em uma jornada prática e devocional pelo livro de Provérbios. O meu amor por esse livro da Bíblia começou apenas alguns dias após a minha conversão. Dou graças a Deus diariamente, porque Jim e eu fomos conduzidos a uma igreja repleta de pessoas que, além de terem Bíblias, de fato acompanhavam enquanto o pastor pregava do púlpito.

Depois da nossa primeira experiência de um ensino tão vibrante, Jim e eu fomos até a sala de oração da igreja. As pessoas atenciosas que estavam ali nos deram um calendário de leitura da Bíblia e nos aconselharam a começar a ler a Bíblia inteira... o que nesse caso significava que precisávamos ter Bíblias!

Imediatamente, seguimos da sala de oração para a livraria da igreja, onde compramos duas Bíblias iguais. Na manhã seguinte, abrimos as nossas Bíblias novinhas em folha e começamos a ler Gênesis 1:1.

Pouco tempo depois de termos começado a ler a Bíblia todas as manhãs, enquanto participávamos de uma conferência bíblica, fomos instruídos a ler um capítulo de Provérbios por dia — o capítulo que correspondesse ao dia do mês. Por exemplo, se estivéssemos no terceiro dia do mês, deveríamos ler Provérbios 3. O líder da conferência explicou que a leitura diária do livro de Provérbios nos daria instruções para a nossa vida prática, assim como a leitura diária de Salmos nos daria orientações para a nossa vida devocional.

É verdade! O livro de Provérbios é o conselho de Deus vindo do céu para a sua e a minha conduta aqui na terra. Ao ler um capítulo de Provérbios todos os dias, recebemos palavras inspiradas dadas por Deus sobre os caminhos do mundo — e como viver uma vida piedosa em meio a isso. É como Provérbios 1:3 declara, um resultado da leitura de Provérbios é "obter o ensino do bom proceder". Sabendo quanto eu precisava desesperadamente desse tipo de ajuda, comecei naquele mesmo dia a ler um capítulo de Provérbios diariamente.

Você trabalha no mundo e luta com a forma como as coisas são feitas ou não? Seja solteira ou casada, seria útil ter ajuda nos seus relacionamentos? Você tem filhos para criar e não tem certeza do que fazer, ou o que você está fazendo não está funcionando? Você sempre se sente insegura sobre que decisões tomar? Talvez, assim como eu, você também precise iniciar a leitura diária de Provérbios. Pense nisto: Deus tem todas as respostas que você espera com tanta ansiedade exatamente nos provérbios dele!

Aprendi uma realidade prática enquanto continuava sendo fiel nas minhas repetidas jornadas pelo livro de Provérbios: esse livro está repleto de declarações realistas da verdade que devem ser ponderadas e saboreadas com o devido tempo. Elas devem fazer com que eu e você avaliemos os seus conselhos e implicações para os desafios da vida diária tão intensa e ocupada. Não demorou muito para eu começar a anotar e marcar tópicos nas margens da minha Bíblia — assuntos e versículos que eram exatamente para mulheres como você e eu.

Depois de mais de quarenta anos lendo Provérbios quase todos os dias, estou buscando neste livro compartilhar uma conversa franca com você como mulher, retirada dos meus apontamentos pessoais, anotações de estudos e aplicações com base nos 31 capítulos de Provérbios. Selecionei a dedo vários tópicos dos quais me beneficiei como mulher, esposa, mãe e filha. Foi uma alegria absoluta escrever uma oração de abertura para cada capítulo. Essas orações foram escritas com todo o meu coração e têm como intuito que sejam feitas com todo o seu coração ao nosso Pai celestial à medida que você se aproxima da sabedoria dele a cada dia.

Querida amiga leitora, minha oração é que você se apaixone pelo livro de Provérbios! Que você adote essas instruções. Que você cresça na sabedoria de Deus e seja abençoada ao usá-la e aplicá-la na sua vida diária. Que a cada dia você deseje aprender mais desse revigorante, prático e poderoso livro da Bíblia.

> *Agora, pois, filhos, ouvi-me,*
> *porque felizes serão os que guardarem os meus caminhos.*
> *Ouvi o ensino, sede sábios e não o rejeiteis.*
>
> *Feliz o homem que me dá ouvidos,*
> *velando dia a dia às minhas portas,*
> *esperando às ombreiras da minha entrada.*
> *Porque o que me acha acha a vida e alcança*
> *favor do S*ENHOR*.*
>
> Provérbios 8:32-35

No eterno amor do Pai,

ELIZABETH GEORGE

Para um estudo mais aprofundado,
forneço perguntas para você ou para um
grupo de estudo no meu *website*,
<ElizabethGeorge.com> (em inglês), além de uma
lista de livros e comentários no fim deste livro que
ajudarão a entender mais sobre Provérbios.

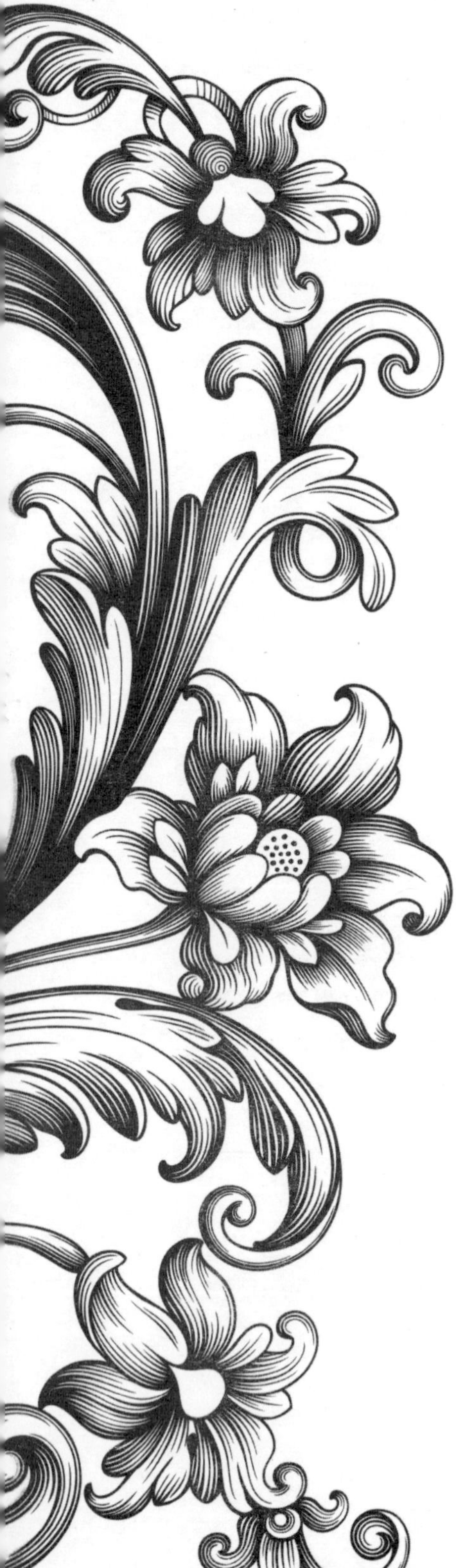

1 Iniciando o seu dia a dia

Sabedoria

> *Para aprender a sabedoria e o ensino;*
> *para entender as palavras de inteligência;*
> *para obter o ensino do bom proceder,*
> *a justiça, o juízo e a equidade.*
>
> PROVÉRBIOS 1:2,3

uma oração

Pai de toda a sabedoria e onisciência, o meu coração te dá graças por te importares com a tua criação o suficiente para garantires que estejamos plenamente equipadas para lidar com os dias da nossa vida. Ao pensar sobre este dia, ó Senhor, e tudo o que foi planejado, tudo o que é necessário, todas as tentações, interrupções e crises que podem aparecer no meu caminho, eu te peço mais uma vez: dá-me sabedoria! Preciso dela para administrar este dia de forma que te agrade e demonstrar hoje a marca da tua sabedoria. Amém.

Eu ainda adoro o filme *A noviça rebelde* — assim como as minhas duas filhas. Temos lembranças sublimes de ter assistido a ele juntas, cantando em uníssono suas melodias inesquecíveis. Esse, sim, é um clássico maravilhoso! Você se lembra da Maria ensinando o básico sobre música às crianças da família Von Trapp, pedindo que elas "começassem do princípio"?

Aprender os muitos ditados de sabedoria do livro de Provérbios também exige que comecemos do princípio. Prepare-se para ser abençoada pela beleza e praticidade da sabedoria de Deus para o seu dia a dia.

Uma jornada por Provérbios

Quando, ainda recém-convertida, me aconselharam a considerar com seriedade a leitura de um capítulo de Provérbios todos os dias, eu simplesmente comecei! Eu estava tão ansiosa para crescer na vida cristã que nem me dei conta de que sugestões das pessoas podem ser opcionais! Tudo o que posso dizer é que dou graças a Deus por todas as vezes que abro o livro de Provérbios para receber nova sabedoria para o meu dia. Louvo ao Senhor por meu coração ter desejado participar desse doce, simples e transformador ritual de gastar cerca de dois minutos por dia lendo um capítulo da sabedoria de Deus para a minha vida... e o meu dia.

Era dia 19 do mês quando comecei a ler Provérbios; então comecei com Provérbios, capítulo 19. Desejando ser fiel, li todos os dias pelo restante do mês, percorrendo a duras penas a última metade de Provérbios pela primeira vez... e recomecei do início no dia seguinte.

Todo santo dia eu tinha vontade de cair de joelhos diante de Deus em gratidão pelo que estava aprendendo com o livro de Provérbios! Finalmente eu estava encontrando ajuda e orientação de verdade para alguns dos meus problemas recorrentes. Em adição a isso, eu estava relacionando uma grande quantidade de orientações práticas de como fazer as coisas na vida diária.

Tenho que admitir que houve muita confusão e falta de entendimento quanto ao significado de muitos dos provérbios. Eles eram como enigmas para mim. Mas, com o tempo, algo maravilhoso aconteceu: quanto mais eu lia, mais enxergava. E, quanto mais eu enxergava, mais entendia. Comecei a assimilar, a compreender! Também descobri que, a cada mês que eu recomeçava Provérbios, mais verdades transformadoras desconhecidas pulavam diante dos meus olhos. Sem sequer perceber, eu memorizei vários provérbios essenciais. Eles simplesmente se prendiam à minha alma e ficavam comigo a cada minuto para me guiar e encorajar!

Vários anos mais tarde, avancei um nível lendo Provérbios todos os dias com informação adicional fornecida pelas anotações de uma Bíblia de estudo. Não demorou muito até estar suplementando essa minha leitura diária com volumes completos de comentários sobre o livro de Provérbios. Neste exato momento, enquanto escrevo este capítulo, a minha escrivaninha está coberta com pelo menos treze volumes dedicados ao estudo versículo por versículo do livro de Provérbios. (Consulte a bibliografia.)

Olhando para trás, a minha jornada no estudo de Provérbios tem sido como observar um botão de rosa fechado se abrir de forma gradual dia a dia, até se transformar numa flor exuberante, completa, fértil e de tirar o fôlego. A maior das bênçãos é que, cada vez que leio os 31 capítulos de Provérbios, encontro mais sabedoria para me ajudar com os meus desafios diários e as decisões que preciso tomar.

Todo dia eu desejava — e estava recebendo — o que Provérbios 1:2-6 promete: Eu lia "para aprender a sabedoria e o ensino;

para entender as palavras de inteligência; para obter o ensino do bom proceder, a justiça, o juízo e a equidade".

- Eu precisava da Palavra de Deus "para dar aos simples prudência", para dar a uma recém-convertida como eu "conhecimento e bom siso".
- Eu almejava ser uma pessoa sábia que "ouça e cresça em prudência, sábia para "adquirir habilidade, para entender provérbios e parábolas, as palavras e enigmas dos sábios".

Até ainda hoje, cada vez que me defronto com o provérbio para o meu dia, não consigo deixar de pensar nestas palavras — que se tornaram uma oração do meu coração:

> Um homem verdadeiramente sábio não é aquele que já alcançou, mas aquele que sabe que não alcançou e ainda está perseverando para chegar à perfeição.[1]

Estou certa de que você também almeja essas mesmas bênçãos sendo uma mulher segundo o coração de Deus. Então comecemos pelo início, aqui e agora, com Provérbios 1. Vamos abraçar Provérbios. Vamos fazer uma pausa e pedir que Deus nos ajude a adquirir um coração que possa compreender e uma alma cheia de sabedoria para melhorar o nosso dia a dia.

O coração e a alma da sabedoria

A sabedoria tem a sua fonte em Deus. "Porque o SENHOR dá a sabedoria, e da sua boca vem a inteligência e o entendimento" (Provérbios 2:6).

---

[1] Santa, George F. *A Modern Study in the Book of Proverbs*. Milford, MI: Mott Media, 1978, p. 2.

Tudo tem uma fonte. Tudo tem que começar em algum lugar. Há alguns anos, a nossa família viajou de férias até o estado de Montana. Montana é um estado *muito* grande e acredite quando digo que andamos *demais* de carro. Numa manhã memorável, passamos de carro por uma pequena ponte com uma placa onde estava escrito "Rio Missouri" — o que causou um daqueles momentos de grande espanto. A nossa família já havia visitado St. Louis, no Missouri, e visto a largura impressionante desse mesmo rio logo antes de desembocar no grande rio Mississípi. Aquele rio em Montana era diminuto — um pouco mais que um riacho — quando comparado ao que tínhamos testemunhado em St. Louis. Então Jim deu ré na nossa Kombi para ter certeza de que não tínhamos lido a placa de forma equivocada. Efetivamente, aquele era o início do rio Missouri e não estávamos muito longe da sua fonte.

Ao pensarmos sobre a natureza de Deus, precisamos nos lembrar desta importante verdade: Tudo tem uma fonte — *exceto* Deus. Deus é a fonte de todas as coisas. Ele é a fonte dos céus e da terra. Deus é o princípio de todos os seres humanos — inclusive você. Ele é a origem da sabedoria: Deus é sabedoria. A sabedoria e o conhecimento dele não derivam de ninguém, porque toda verdadeira sabedoria tem Deus como fonte.[2]

A sabedoria é mais do que o conhecimento. "Feliz o homem que acha sabedoria, e o homem que adquire conhecimento" (Provérbios 3:13)!

Podemos agradecer a Deus porque entender a sabedoria registrada em Provérbios não requer educação formal. Isso porque sabedoria é a capacidade de pensar com clareza e tomar decisões sábias, mesmo (definitivamente para uma mulher, esposa, mãe e trabalhadora cheia de afazeres!) quando debaixo de pressão, em meio a situações difíceis e emergências da vida. Esse, minha querida amiga,

---

[2] Consulte Gênesis 1:1,26,27; Esdras 7:25; Jó 21:22.

é o tipo de sabedoria de que precisamos para suportar a carga inacreditável de responsabilidades e tensões todo santo dia.

A sabedoria está disponível e é oferecida de graça. O capítulo 1 de Provérbios deixa extremamente claro que Deus deseja que o seu povo seja sábio e fique seguro (v. 2,33). Na verdade, Deus garantiu que a sabedoria estivesse prontamente disponível a toda e qualquer pessoa. Ela está na Bíblia — na *sua* Bíblia — disponível para você dia a dia. É como Provérbios 3:13 expressa de forma deslumbrante: "Feliz o homem que acha sabedoria".

A sabedoria vem de formas variadas. Embora o rio Missouri tenha uma fonte, ele tem muitos afluentes que aumentam seu tamanho e poder ao correr em direção ao seu destino. O mesmo se aplica à sabedoria de Deus:

- Você adquire sabedoria andando com Deus. O alicerce da sabedoria é saber e reconhecer que "o temor do S<small>ENHOR</small> é o princípio do saber" (Provérbios 1:7). A sabedoria do Senhor se torna a sua sabedoria conforme você o honra e valoriza, vive em reverência pela presença e pelo poder dele, toma as decisões que ele aconselha na Palavra e o ama de todo o seu coração, alma, entendimento e força. Você a recebe quando "teme" o Senhor — anda com ele, o adora, vive por ele e o segue com sinceridade. Você troca a sua vontade pela sabedoria dele.
- Você obtém sabedoria com a leitura da Palavra de Deus. Ler a Bíblia pode fazer você se tornar sábia — mais sábia do que os seus inimigos, os seus professores, até aquelas pessoas mais velhas e experimentadas do que você. Ame a Palavra de Deus! Coloque-a em primeiro lugar no seu coração e na sua mente, e obedeça-lhe.[3]

Para os seus dias desafiadores e cheios de obrigações, fazer um devocional (como esse) ajudará você a se interessar pela Bíblia — e

---

[3] Consulte Salmos 119:98-100.

a tirar mais dela. Adquirir a sabedoria vinda da Palavra de Deus fará uma diferença poderosa em você, na sua vida e no seu dia.

- Você adquire sabedoria estando com o povo de Deus. Ir à igreja e adorar a Deus faz a sua semana começar com um foco definido. Ao ter comunhão com outras pessoas, você percebe que elas têm sabedoria para compartilhar com você. A passagem de Provérbios 1:5, como já observamos, diz: "Ouça o sábio e cresça em prudência; e o instruído adquira habilidade". É como um princípio fundamental declarado em Provérbios 12:15: "O caminho do insensato aos seus próprios olhos parece reto, mas o sábio dá ouvidos aos conselhos".
- Você também pode adquirir sabedoria tendo orientadores e professores piedosos. Observe a vida deles. Faça-lhes perguntas e leia os conselhos sábios de outras pessoas por meio de livros cristãos. Em ambos os casos, você está aprendendo e crescendo ao buscar a sabedoria dos outros irmãos.

Sabedoria de Deus para o seu dia

Ao examinar Provérbios todos os dias, começando pelo capítulo 1, não deixe de notar a verdade de que o mal faz o seu pior em segredo e convoca novos seguidores nas trevas. Mas a sabedoria de Deus é pública. Ela está na cara, por assim dizer. É impossível passar despercebida! Ela está disponível na praça da cidade. Na verdade, ela não pode ser evitada, porque é como os versículos 20 e 21 observam: "Grita na rua a Sabedoria, nas praças, levanta a voz; do alto dos muros clama, à entrada das portas e nas cidades profere as suas palavras".

Que problemas ou provações você está experimentando hoje? Esta semana? Este mês? Você está tendo dificuldades com os seus papéis e responsabilidades? Sua carreira está numa encruzilhada? Você precisa de orientação para lidar com algum membro da família, amigo ou colega de trabalho? Ou está precisando de ajuda com tudo o que foi mencionado anteriormente? Então você precisa de sabedoria — a sabedoria de Deus.

Ora, não espere nem mais um minuto! Deus promete sabedoria a você. Ela é gratuita e está prontamente disponível. A sua função é orar, buscar, pesquisar e escavar a sabedoria de Deus na Palavra dele. A função de Deus — e promessa dele a você — é dar toda a sabedoria que você pedir... e toda a sabedoria de que você precisar.[4]

Você percebe o que isso significa? Que seja qual for a questão ou problema que estiver enfrentando, você não precisa tatear na escuridão, esperando de alguma forma esbarrar com as respostas. Você não tem que forçar uma solução e esperar ter feito a escolha certa, a escolha sábia, sempre com medo de talvez ter tomado a decisão errada. Não, existe uma forma mais segura de enfrentar os problemas da vida — e obter paz de espírito vinda de Deus nesse processo!

Sempre que precisar de sabedoria, você pode orar a Deus, pedir a Deus, recorrer à Palavra de Deus... e receberá sabedoria!

Aqui está outra bênção incrível que você pode esperar quando busca a sabedoria de Deus diariamente. É uma das minhas preferidas como mulher. Temos tantas coisas do que cuidar, com que nos preocupar, temer e tomar cuidado. Cada minuto do nosso dia a dia pode ser repleto de medo e carregado de ansiedade. Mas este provérbio dissipa todos os nossos temores. É uma verdade e uma promessa:

Mas o que me [sabedoria] *der ouvidos habitará seguro, tranquilo e sem temor do mal.*

Provérbios 1:33

---

[4] Consulte Provérbios 2:2-6.

2 EDUCANDO FILHOS COM EMPENHO

Criação de filhos

> Filho meu, se aceitares as minhas palavras
> e esconderes contigo os meus mandamentos,
> para fazeres atento à sabedoria o teu ouvido
> e para inclinares o coração ao entendimento,
> [...] então, entenderás o temor do Senhor
> e acharás o conhecimento de Deus.
>
> PROVÉRBIOS 2:1,2,5

Uma oração

> Senhor, lendo esses versículos, fico impressionada com as palavras calorosas desse pai instruindo o filho. Então percebo e reconheço que tu, meu Pai celestial, estás apelando a mim e me chamando para ser uma mulher que busca a tua divina sabedoria por meio da tua Palavra. Hoje, quero estar mais atenta à tua sabedoria. Faço o propósito de dispor o meu coração para obter maior compreensão da tua majestade, da tua vontade e dos teus caminhos. Abre os meus olhos — e o meu coração — para que eu possa entender melhor como te adorar e descobrir mais de ti, querido Senhor — muito mais! Amém e amém.

Foi inacreditável. Era sexta-feira e as minhas amigas tinham planejado uma noite cheia de diversão, mas o meu pai estragou tudo quando suspendeu os meus planos de sair com elas naquela noite. Eu fiquei vermelha de tanta vergonha quando tive de ligar para a minha melhor amiga e pedir para ela contar às outras que eu não poderia sair. Eu sabia que seria motivo de piada da minha turma por várias semanas! Nem preciso dizer que tive uma noite de muitas lágrimas com a cabeça enfiada no travesseiro.

Você se lembra de como era a vida quando tinha 16 anos de idade? As minhas amigas e as panelinhas (e os meninos!) eram o centro do universo. Então fiquei extasiada quando um grupo de meninas populares me convidou para participar das suas atividades de sexta-feira à noite.

Acredite, eu não estava nem um pouco ansiosa para ir à escola na segunda-feira. Eu queria ficar em casa, mas o meu pai me levou de carro pessoalmente até a escola. Com a cabeça baixa, subi a escadaria da escola onde eu fazia o ensino médio, sentindo como se estivesse indo para a forca — simplesmente para ter a maior surpresa da minha vida. Parece que o meu grupinho animado de amigas tinha sido pego pela polícia depois de sair da lanchonete onde tinham ido comer, levando as bandejas e os copos de vidro não descartáveis! Todos os pais das meninas tiveram que ir à delegacia de polícia e buscar as suas filhas. Provavelmente eu nem preciso dizer, mas — uau, fiquei superagradecida por meu pai ter me dito não naquela noite!

Como você bem pode imaginar, o meu respeito e a minha disposição para ouvir meu pai (e minha mãe também) foram às alturas. Ele era mais esperto do que eu imaginava! Essa não foi a última vez em que a sabedoria dele me socorreu com decisões difíceis e me deu orientação.

... E a vida segue em frente! Dez anos depois, eu, junto com o meu marido, era responsável por duas menininhas. De alguma forma o gene da sabedoria não tinha passado para mim e eu não tinha a menor ideia de como criar filhos... nem sequer de como viver a minha própria vida! Mas, felizmente, a Palavra de Deus veio em meu resgate quando comecei a ler um capítulo de Provérbios por dia.

O básico sobre educação de filhos

Apesar de aparecerem instruções de Deus sobre como criar filhos em praticamente todos os capítulos de Provérbios, os capítulos 1 a 9 foram escritos para pais com filhos jovens. O capítulo 2 está literalmente cheio de orientações divinas concretas para os pais, visto que cada versículo contém mensagens, alertas e instruções para o pai passar adiante para o filho. A sabedoria tem como intuito preparar toda criança para enfrentar a vida e evitar as suas armadilhas. Como Provérbios diz que isso acontece?

Como mãe, você não pode hesitar em falar. "Filho meu, se aceitares as minhas palavras e esconderes contigo os meus mandamentos... Ouvi o ensino, sede sábios e não o rejeiteis" (Provérbios 2:1; 8:33). Já li essas palavras tantas vezes que elas se incorporaram ao meu coração e aos meus pensamentos. Com empenho e um amor enorme por Deus e pelos nossos filhos, nós que somos pais não podemos hesitar em falar! A "sabedoria" é retratada como uma mulher — uma mulher muito articulada e oral que não tem vergonha nem timidez para falar. "Grita na rua a sabedoria, nas praças, levanta a voz" (1:20). Não existe nada de casual ou hesitante sobre o zelo dela para que os outros sejam sábios. Para os nossos filhos, o ensino da sabedoria deveria ser ainda mais caloroso.

O ideal é que o ato de instruir e alertar os filhos venha tanto do pai quanto da mãe. Se isso não estiver acontecendo na sua família, então você, querida mãe, deve arregaçar as mangas maternas e ensinar e treinar os seus filhos nos caminhos do Senhor. Isso pode dificultar a instrução dos seus preciosos pequeninos, mas com toda a certeza a torna ainda mais importante — vital, na verdade — porque, se nesse caso a mamãe não instruir e guiar a ninhada, então ninguém estará propenso a fazê-lo.

Nunca desista, apesar da sua situação. A sabedoria é uma necessidade para a vida e o bem-estar dos seus filhos. No papel de mãe sábia, comprometa-se com essa responsabilidade. Tome posse dela. Dedique-se a ser fiel ao que Deus quer que você faça como mãe. Ore pedindo orientação a Deus. Coloque isto no topo da sua lista de oração diária: "Senhor, por favor, ajuda-me a estar alerta com os meus filhos hoje. Ajuda-me a aproveitar cada oportunidade para compartilhar as tuas verdades com eles."

Quando somos fiéis em seguir as instruções de Deus para nós como mães, para ensinar a sabedoria dele aos nossos filhos, ele é fiel em nos capacitar a fazê-lo. Dependa dele. Fale com ele. Confie nele. Deseje ser uma mãe segundo o coração de Deus — que fará toda a vontade dele, inclusive ensinando a sabedoria aos seus preciosos pequeninos.

Amo estas palavras escritas por um pai esforçado aos seus dois filhos adolescentes. Resumindo os benefícios de obter sabedoria e responder ao chamado de Deus para ser sábio, ele escreve:

> [Provérbios] pronuncia uma bênção sobre aqueles que acatam a sua instrução, andando nos seus caminhos. Promete felicidade àqueles que esperam de forma convicta ao seu portão, que se mantêm vigias fiéis às suas portas. Oferece vida e favor divino àqueles que a encontram, mas perda pessoal e morte àqueles que a deixam passar.[1]

---

[1] MacDonald, William. *Enjoying the Proverbs*. Kansas City, KS: Walterick Publishers, 1982, p. 50.

Bênção. Felicidade. Vida e favor divino. Isso é o que nós, mães, queremos para os nossos filhos — o que defendemos, pelo que vivemos... e pelo que morreríamos.

Como mãe, você deve observar os seus filhos. Além de falar sem hesitação, você tem que prestar atenção e observar a sua família. Tenho provérbios favoritos aos montes que recito para mim mesma diariamente ao enfrentar mais um dia maluco e desafiador. Provérbios 31:27 é um deles, porque descreve o coração de uma excelente esposa, mãe e administradora do lar: "Atende ao bom andamento da sua casa. Outra tradução que eu realmente gosto diz simplesmente: Está atenta ao andamento da casa" (ACF).

A imagem de um vigia era uma ocorrência familiar diária na época em que o livro de Provérbios foi escrito. Esse também é um tema importante nos primeiros capítulos do livro: o papel dos pais é vigiar e alertar. A verdadeira figura da mulher que está atenta ao andamento da casa é de uma mulher que tem olhos na nuca! Ela olha todos os cantos a fim de não perder um único detalhe.[2]

Um panorama rápido do papel de vigia aponta para Ezequiel, um profeta notável do Antigo Testamento. Deus o nomeou para ser vigia sobre o povo, dizendo a Ezequiel: "A ti, pois, ó filho do homem, te constituí por atalaia sobre a casa de Israel; tu, pois, ouvirás a palavra da minha boca e lhe darás aviso da minha parte" (Ezequiel 33:7).

Deus comunicou a Ezequiel o que ele, como vigia, deveria fazer quando visse o inimigo: ele deveria tocar a trombeta e alertar o povo. Se o povo ouvisse o alerta de Deus feito pelo profeta, mas escolhesse não responder, então o povo seria responsável pelas consequências da sua indiferença (v. 3,4).

Então Deus advertiu a Ezequiel: "Mas, se o atalaia vir que vem a espada e não tocar a trombeta, e não for avisado o povo [...] o seu sangue [sangue do povo desavisado] demandarei do atalaia" (v. 6).

---

[2] DUNN, Cheryl Julia. *A Study of Proverbs 31:10-31*, tese de mestrado. Biola University, 1993, p. 144.

Em outras palavras, se o vigia deixasse de prevenir o povo, o vigia seria responsabilizado e pagaria com a sua própria vida por falhar em alertar o povo.

Sendo mãe, você, assim como Ezequiel, deve "vigiar" a sua família, "ouvir" o que Deus diz na sua Palavra e "passar adiante" aos seus filhos. O que você deveria observar?

- O que está se passando na vida do seu filho neste momento? Se alguma coisa nova aconteceu (como mudança de escola, casa ou cidade), como isso o está afetando?
- Quem são os amigos dele e quanto você os conhece?
- Você está presenciando mudanças negativas nas atitudes e no humor dele?
- Existe algum sinal de rebelião com relação a você ou à sua autoridade como mãe?
- Houve alguma mudança na aparência dele ou nas roupas que está escolhendo usar?
- A atitude dele com relação às coisas espirituais mudou?

Se você tem um jardim, é provável que verifique as suas plantas, vegetais, frutas ou flores, todos os dias. Se elas precisam de água, adubo ou poda, você atende à necessidade. Guardar e advertir os seus filhos, como cuidar do seu jardim, leva tempo. Exige atenção e ações diárias. Ser uma mãe empenhada exige que você pare o que está fazendo e dedique tempo e atenção aos seus filhos. Não permita que a sua vida e os seus dias se tornem tão ocupados a ponto de negligenciar a sua tarefa de instruir e direcionar os seus filhos para Deus e os seus caminhos. A espera aumenta a possibilidade de que os muros do coração do seu filho sejam rompidos pelo inimigo. Não baixe a guarda como vigia. Fale sem hesitação e faça alguma coisa — agora!

Sabedoria de Deus para o seu Dia

Aqui vai um desafio e uma palavra de encorajamento às mães: Dê o presente de uma vida mais livre de problemas aos seus filhos. Isso se faz dando a eles a verdade e a sabedoria de Deus para livrá-los de complicações hoje e no futuro. Dê a eles o discernimento de que precisam para ficarem longe daqueles que são perversos, que se alegram com o mal e desejam tentar as suas preciosas ovelhas a pecar.

A melhor forma de ensinar isso aos seus filhos é aplicar pessoalmente, ser modelo da sabedoria de Provérbios, falar sem hesitação quando a correção for necessária e mostrar a sabedoria do Pai a eles. Então, se Deus quiser, como Provérbios 2:11,12 diz, o "bom siso" guardará os seus filhos e a "inteligência" os conservará, para livrá-los do "caminho do mal". Falando de forma simples, "A verdade protege contra todo mal".[3]

Hoje, proteja-se do mal vivendo de acordo com a sabedoria. Depois jogue o mesmo manto protetor de sabedoria sobre os seus filhos.

---

[3] MacArthur, John. *Bíblia de estudo MacArthur.* Barueri: Sociedade Bíblica do Brasil, 2010, p. 798.

3 encontrando paz em um mundo de caos

Confiança em Deus

> Os seus caminhos são caminhos deliciosos,
> e todas as suas veredas, paz.
>
> PROVÉRBIOS 3:17

uma oração

Querido Pai de todo consolo, seria muito fácil cair em desespero por conta de tantas preocupações como a minha saúde, a minha família, o meu trabalho, o meu futuro e o meu país. Mas Pai, por causa do meu relacionamento com o teu filho, o "Príncipe da paz", posso experimentar paz sobrenatural de coração, alma e mente, apesar das minhas circunstâncias. Que a tua paz que habita em mim também possa ser uma fonte de paz e consolo para aqueles com quem eu tiver contato hoje. Amém.

Tenho pensado com frequência em escrever um livro intitulado *A vida sem celular*. No entanto, tenho dúvidas se alguém compraria um livro sobre esse assunto. É só olhar em volta quando estiver em uma multidão ou em um restaurante — até na igreja! Parece que todos estão de cabeça baixa com um brilho no rosto, lendo as suas mensagens, navegando pelas redes sociais, examinando as suas fotos, conferindo as mensagens de texto e os *e-mails*, ou, como o meu genro costuma fazer, buscando informações na *Wikipedia*.

Talvez seja por isso que o meu marido, Jim, e eu amamos o nosso "lar, doce lar" na Península Olímpica, no estado de Washington. Estamos a oito quilômetros de uma cidadezinha com o seu único foco de luz. Fora a variedade de sons de aves e da água batendo, há silêncio na maior parte do dia e da noite. E... não tem sinal de telefone celular! Não sei como isso soa aos seus ouvidos, mas para escritores como Jim e eu, que precisam de horas de concentração sem distração, a nossa cabaninha na floresta é o céu na terra!

Então, quando cheguei ao capítulo 3 de Provérbios, o meu coração saltou de alegria, porque esse capítulo se concentra na sabedoria que leva a um estilo de vida marcado pela paz. O capítulo 3 faz parte de uma longa seção de nove capítulos que têm como foco ensinar o valor da sabedoria aos filhos e aos outros a fim de que possam desfrutar de uma vida fértil, bem-sucedida e pacífica.

Sem o conhecimento e a direção que vêm da sabedoria de Deus, as nossas percepções serão distorcidas, as nossas escolhas e conclusões serão desvirtuadas e, como resultado, acabaremos tomando decisões erradas e nos metendo em todo tipo de problemas! O discernimento verdadeiro — a sabedoria verdadeira — vem somente de Deus. Como já sabemos, "o temor do SENHOR é o princípio do saber e o SENHOR dá a sabedoria, e da sua boca vem a inteligência e o entendimento" (Provérbios 1:7; 2:6). Uma pessoa que tem a sabedoria e a compreensão de Deus também terá a paz de Deus como subproduto.

Para podermos passar adiante o que aprendemos da sabedoria e do conhecimento a fim de que outros, especialmente os nossos filhos, possam experimentar a paz de Deus, precisamos em primeiro lugar ensinar sobre o Deus por trás dessa sabedoria, o Deus que "com sabedoria fundou a terra, com inteligência estabeleceu os céus" (Provérbios 3:19). O texto de Provérbios 1 nos apresentou à sabedoria de Deus. Provérbios 2 enfatizou a estabilidade moral que vem com a sabedoria de Deus e a capacidade de discernir entre o bem e o mal, o que resulta em seguir o caminho da sabedoria.

A sabedoria de Deus traz paz

Então agora, no capítulo 3, o autor mostra como a sabedoria promove a paz e a serenidade. Você pode ter paz...

... obedecendo às Escrituras (Provérbios 3:1). "Filho meu, não te esqueças dos meus ensinos, e o teu coração guarde os meus mandamentos". Assim como todo bom pai e professor, a Sabedoria quer o melhor para os seus filhos. Ela sabe que o melhor vem apenas por meio da obediência à sã doutrina. Esta é a motivação para os pais atenciosos estarem clamando em súplica nesse versículo.

... aplicando a Palavra de Deus (Provérbios 3:3,4). "Não te desamparem a benignidade e a fidelidade; ata-as ao pescoço; escreve-as na tábua do teu coração e acharás graça e boa compreensão diante de Deus e dos homens". A pessoa ou criança que for aplicada com relação ao seu comportamento externo "atará" a benignidade e a verdade em volta do pescoço. Para assegurar que não falhe internamente, ela memorizará as Escrituras — escreverá a Palavra de Deus na "tábua" do seu coração. Assim, a memorização da Palavra de Deus levará à obediência à Palavra de Deus e, dessa maneira, ela obterá "graça e boa compreensão" tanto de Deus quanto dos homens. Em outras palavras, a obediência leva a uma vida de paz e harmonia.

... ***confiando em Deus por completo*** (Provérbios 3:5,6). "Confia no SENHOR de todo o teu coração e não te estribes no teu próprio entendimento. Reconhece-o em todos os teus caminhos, e ele endireitará as tuas veredas". A confiança em Deus é o elemento central para desenvolver um coração em paz. Quando a criança ou o adulto estão enraizados na obediência à sã doutrina, eles desejam com mais prontidão confiar em Deus em todas as áreas da sua vida. Como resultado, "ele [Deus] endireitará as suas veredas". Não existe maior paz do que saber que se está no caminho correto.

... ***confiando o seu dinheiro a Deus*** (Provérbios 3:9,10). "Honra ao SENHOR com os teus bens e com as primícias de toda a tua renda; e se encherão fartamente os teus celeiros, e transbordarão de vinho os teus lagares". Somos mordomos, responsáveis pela administração dos recursos de Deus. É nosso privilégio usar o que ele nos dá para trabalharmos pelo avanço do seu reino. Quando sabemos e aceitamos que tudo o que temos é de Deus, nós podemos possuir todas as coisas com desapego, porque estamos nos agarrando a Deus com firmeza. Se as ações do mercado sobem ou descem, ou se os tempos estão difíceis e o dinheiro está curto, podemos desfrutar de paz completa, porque o nosso tesouro está no céu.

... ***recebendo de bom grado a disciplina de Deus*** (Provérbios 3:11,12). "Filho meu, não rejeites a disciplina do SENHOR, nem te enfades da sua repreensão. Porque o SENHOR repreende a quem ama, assim como o pai, ao filho a quem quer bem". Quando eu e você nos submetemos à disciplina de Deus, temos segurança e paz de espírito ao reconhecer que Deus tem um propósito. Vinda de um Pai onisciente e Deus amoroso, podemos estar tranquilos de que, seja qual for a disciplina que recebermos, será para o nosso bem e a glória dele. A disciplina é prova do amor de Deus, e a correção é uma prova da nossa filiação.[1]

---

[1] Consulte Hebreus 12:6-8.

... valorizando a sabedoria (Provérbios 3:13-18). A sabedoria "mais preciosa é do que pérolas, e tudo o que podes desejar não é comparável a ela". As bênçãos conquistadas pela obtenção da sabedoria são melhores do que a prata e o ouro, joias e qualquer outra coisa que você deseje. Um prêmio incalculável por buscar e encontrar a sabedoria é a paz: "Os seus caminhos são caminhos deliciosos, e todas as suas veredas, paz [...] e felizes são todos os que a retêm" (v. 17,18).

... recapitulando a Palavra de Deus constantemente (Provérbios 3:21-26). Para insistir ainda mais conosco sobre a importância de sempre recapitular os seus ensinos, a sabedoria clama mais uma vez:

> Filho meu, não se apartem estas coisas dos teus olhos; guarda a verdadeira sabedoria e o bom siso; porque serão vida para a tua alma e adorno ao teu pescoço (Provérbios 3:21,22).

Mencionei anteriormente que a sabedoria é muito semelhante ao bom senso ou "discernimento". Bom senso é a capacidade que Deus dá a todas as pessoas para pensar e fazer boas escolhas. Sabedoria, no entanto, é algo que ele dá apenas àqueles que o seguem e é aperfeiçoada por meio do conhecimento recebido pela instrução, pelo exercício e pela disciplina.[2] Quando somos constantes em recordar a Palavra de Deus e seguimos o seu caminho de sabedoria e discernimento, andamos com segurança, dormimos sossegados e experimentamos a paz de Deus em todas as facetas da nossa vida cheia de tensões. Observe as muitas promessas nos lindos e encorajadores versículos a seguir. Eles foram escritos como uma dádiva de Deus a você, uma bênção sobre o seu dia... e a sua vida. Permita que eles animem o seu coração e tragam paz a você.

---

[2] Consulte Provérbios 1:7; 2:5; 3:7.

> Então, andarás seguro no teu caminho,
>   e não tropeçará o teu pé.
> Quando te deitares, não temerás;
>   deitar-te-ás, e o teu sono será suave.
> Não temas o pavor repentino,
>   nem a arremetida dos perversos, quando vier.
> Porque o SENHOR será a tua segurança,
>   e guardará os teus pés de serem presos (Provérbios 3:23-26).

... *sendo íntegro sempre* (Provérbios 3:27-32). É uma triste verdade o fato de frequentemente passarmos por conflitos com outras pessoas por fazermos o que é certo. Esta última parte começa com os cinco "nãos" que nos dizem o que não fazer a fim de vivermos com integridade.

Como é uma pessoa íntegra? É uma pessoa que anda com Deus de forma consistente e...

> Não é egoísta,
> Não é mesquinha,
> Não conspira o mal,
> Não é inimiga nem agressiva e
> Não tem inveja do mal (v. 27-31).

Sim, pode ser que eu e você sejamos aborrecidas pelos outros por sempre desejarmos fazer o que é certo, mas nunca teremos de nos preocupar com as nossas ações diante de Deus. Podemos terminar cada dia com paz de espírito, sabendo que honramos a Deus nesse dia, vivendo com integridade.

No Antigo Testamento, Daniel era uma pessoa assim. Quando homens maus tentaram encontrar alguma razão para condená-lo diante do rei, Daniel 6:4 diz: "não puderam achá-la, nem culpa alguma; porque ele era fiel, e não se achava nele nenhum erro nem culpa". Não é de admirar que o anjo do Senhor tenha se referido a Daniel duas vezes como "homem muito amado" em Daniel 10.

É assim que Deus enxerga a integridade — e essas palavras pintam uma imagem de como é a integridade e o que ela significa. Com toda a certeza, essa qualidade deveria ser um alvo nosso também!

Sabedoria de Deus para o seu dia

Sendo cristã, você já sabe que Jesus Cristo dá "paz posicional" a você — uma paz que vem do conhecimento de Deus por meio do Filho dele. No entanto, Provérbios 3 fala da paz que vem ao viver de acordo com a sabedoria prática de Deus, que é o que compõe o livro de Provérbios. Em apenas um capítulo, Provérbios ensina que a paz é resultado destas práticas:

- obedecer às Escrituras;
- aplicar a Palavra de Deus;
- confiar em Deus por completo;
- confiar o seu dinheiro a Deus;
- receber de bom grado a disciplina de Deus;
- valorizar a sabedoria;
- recapitular a Palavra de Deus constantemente;
- praticar a integridade continuamente.

Quando enfrentar as alegrias e tristezas do cotidiano, com os seus desafios e prazeres, adote as práticas da lista anterior, pois elas a ajudarão a conduzir o seu dia com uma paz que excede todo o entendimento — uma paz que só pode vir do Príncipe da paz. É como Paulo orou: "E o Deus da paz seja com todos vós. Amém!" (Romanos 15:33).

4 guardando o seu coração

Vigilância

> Sobre tudo o que se deve guardar, guarda o coração, porque dele procedem as fontes da vida.
>
> PROVÉRBIOS 4:23

uma oração

Ó Pai, obrigada por cuidares de mim, tua filha agradecida, com máximo cuidado. Que eu também possa estar atenta para ter cuidado com os meus caminhos e o meu coração e te seguir todos os dias da minha vida. O desejo do meu coração é deixar de lado todas as desculpas e a preguiça e com fidelidade cuidar dos meus filhos e ensiná-los a te amar, a guardar a tua Palavra no coração deles. Amém.

No meu livro *Educando filhas segundo o coração de Deus*,[1] compartilho as minhas experiências quando me interessei pela corrida como forma de exercício aos 40 anos de idade, no final do capítulo intitulado "A maratonista". Olhando para trás, não consigo deixar de me perguntar: "No que eu estava pensando para fazer algo assim? E por quê?"

Bem, Jim, o meu marido, era e ainda é aplicado à corrida. Os muitos benefícios que esse simples ato diário trazia para ele eram evidentes. Então decidi: "Está bem, uma mulher corredora vai surgir!"

Em primeiro lugar na minha lista de "coisas a fazer antes de começar a correr" estava pegar o carro para ir até a biblioteca pública e examinar uma pilha de livros sobre os fundamentos da corrida. Com uma grande coletânea de livros em mãos, mergulhei de cabeça e pesquisei sobre roupas adequadas, técnicas de corrida, condicionamento físico e exercícios de aquecimento.

Depois de um tempo de coleta de informação e preparação (e, preciso confessar, de comprar uma roupinha linda!), finalmente chegou o dia em que eu realmente sairia de casa para fazer a minha primeira corrida leve. Eu simplesmente não conseguia deixar de pensar: "Olá, mundo, aqui vou eu!" Fechei e tranquei a porta, tomei um gole de água da minha imensa garrafa nova... e segui até o fim do quarteirão!

Ainda bem que "uma longa viagem começa com um único passo". Mas preciso acrescentar que com muita persistência. Dez anos

---

[1] GEORGE, Elizabeth. *Educando filhas segundo o coração de Deus*. São Paulo: Hagnos, 2004.

depois, quando finalmente pendurei os meus tênis de corrida, eu estava correndo treze quilômetros todos os dias da semana e dezesseis aos sábados, totalizando mais de oitenta quilômetros por semana. Nunca desejei correr uma maratona nos meus anos de corrida. Mas, com a minha dedicação e perseverança, realmente acho que poderia ter corrido, e talvez concluído, os extenuantes 42 quilômetros da Maratona de Los Angeles.

A maternidade é uma maratona

Pergunte a qualquer mãe e ela dirá que a maternidade é a ocupação mais desafiadora que existe. É um trabalho de 24 horas por dia, 7 dias por semana, que começa com um sonho e continua para sempre. Nunca acaba, em momento nenhum diminui, está sempre mudando e constantemente exige o nosso melhor desempenho, os nossos maiores esforços, o nosso trabalho árduo incessante, toneladas de amor e paciência e horas de joelhos em oração. Toda mãe concorda integralmente com essa avaliação... e então, para a maior das surpresas, como que num piscar de olhos, essa mãe vibrará pelas alegrias da maternidade e desejará anunciar a todo mundo que nada no planeta se compara a ser mãe.

A maternidade é como uma maratona — a prova de resistência mais famosa do mundo. Não é uma corrida de velocidade de curta distância, que exige esforço máximo e logo termina. Não, educar filhos é uma corrida em que você estabelece o ritmo e a direção para você e os seus filhos. É correr dia após dia. É correr pela vida toda enquanto "prossigo para o alvo, para o prêmio da soberana vocação de Deus em Cristo Jesus" (Filipenses 3:14). A maternidade não tem fim. A maior das bênçãos é que, se tiver netos, você ganha mais uma chance de investir em outra geração!

Uma coisa que amo em Provérbios 4 é que temos a oportunidade de conhecer uma família em que três gerações correram a corrida de criar filhos piedosos. O escritor faz ligação entre três gerações — o pai dele, ele mesmo e agora o filho dele (v. 1,3).

Ele demonstra como o amor, sendo uma das melhores coisas ("boa doutrina" — v. 2), será transmitido principalmente pela influência pessoal ao longo de muitos anos. Duas vidas já tinham sido gastas nesse treinamento (a do avô e a do pai) e agora a terceira geração deve assumir o desafio de viver uma vida piedosa de sabedoria.

chegando ao âmago da questão

O capítulo 4 de Provérbios deixa claro que o coração é o ponto principal para todos os seus atos e comportamento. Portanto, "sobre tudo o que se deve guardar, guarda o coração, porque dele procedem as fontes da vida" (v. 23).

O coração é um assunto popular tanto dentro quanto fora da Bíblia. A palavra "coração" aparece mais de oitocentas vezes na Bíblia. O livro de Salmos é o que tem o maior número de referências ao coração (127), mas o livro de Provérbios, que é muito mais curto, é o segundo, com 69 referências. Como podemos ver, o coração é um assunto essencial em Provérbios.

Por que Provérbios e Deus, seu autor final, se deteriam no coração? Aqui está uma definição que ajuda a explicar como os hebreus entendiam "o coração":

> ... Era essencialmente o homem inteiro, com todos os seus atributos, físicos, intelectuais e psicológicos [...] o coração era concebido como o centro governador de todos esses [...] é o coração que [...] governa todas as suas ações. Caráter, personalidade, vontade, mente... [2]

Poderíamos dizer que o coração é o centro de controle da pessoa. Isso também se aplica às ações e atitudes da criança: elas são um reflexo do seu coração. Provérbios 4:23 diz que o coração — o seu centro de comando — é o ponto principal do seu comportamento:

---

[2] Douglas, J. D., ed. *O novo dicionário da Bíblia*. São Paulo: Vida Nova, 1978, p. 322.

"dele procedem as fontes da vida". O comportamento que a criança exibe é uma expressão do transbordamento do seu coração. Portanto, prestar atenção ao seu coração não pode ser algo casual.

Não é apenas prestar atenção, mas prestar atenção com diligência: "Guarda com toda a diligência teu coração" (Almeida Versão Revisada/Imprensa Bíblica Brasileira). Diligência tem a ideia de montar uma guarda que está sempre em serviço. Você, querida mãe, foi designada, espero que com a ajuda do seu marido, para ser uma sentinela sobre o coração dos seus filhos.

Aqui estão apenas alguns dos muitos provérbios sobre o coração que aparecem nos primeiros quatro capítulos de Provérbios. Eles fornecem motivação e instrução para o seu coração como mãe.

Estes textos bíblicos devem encorajá-la a ensinar seus filhos como guardar o coração deles. Isso é algo que eles definitivamente devem saber e fazer:

> Para fazeres atento à sabedoria o teu ouvido
> e para inclinares o coração ao entendimento (2:2).
> Porquanto a sabedoria entrará no teu coração,
> e o conhecimento será agradável à tua alma (2:10).
> Filho meu, não te esqueças dos meus ensinos,
> e o teu coração guarde os meus mandamentos (3:1).
> Não te desamparem a benignidade e a fidelidade;
> ata-as ao pescoço; escreve-as na tábua do teu coração (3:3).
> Confia no SENHOR de todo o teu coração
> e não te estribes no teu próprio entendimento (3:5).
> Então, ele me ensinava e me dizia:
> Retenha o teu coração as minhas palavras;
> guarda os meus mandamentos e vive (4:4).

Aprendendo com os pais do passado

Vamos dar uma espiada no tipo de ensino que as três gerações passaram e receberam. É um privilégio para nós poder espreitar essa conversa franca provocada pelo amor de um pai atencioso. Em Provérbios 4, o pai dá três admoestações ao filho:

Primeira admoestação: Estar atento (Provérbios 4:1)

"Atenção" é a capacidade de manter a concentração em alguma coisa. A preocupação imediata do pai é que o filho foque total atenção no seu ensino. A atenção é necessária na obtenção de entendimento, na conquista de sabedoria e no recebimento de instrução. Se essa fosse uma situação militar, o líder teria dito: "Ouçam!" Ou, como nós, mães, com tanta frequência temos que dizer: "Você está me ouvindo?"

Em essência, o pai em Provérbios 4 diz: "Estou oferecendo a você o que me foi oferecido pelo meu próprio pai — 'boa doutrina'. Aceitei o ensino dele e agora estou apelando a você: 'Não abandone a minha instrução [...] Não se esqueça nem se desvie das palavras da minha boca. Não as abandone'" (v. 2,5,6).

Todo pai e toda mãe deveriam desejar que o seu filho ouvisse o que a Bíblia tem a dizer. Esse pai está apelando ao filho que se apegue às palavras dele, que são palavras de sabedoria, e elas fornecerão estes benefícios:

- Elas promoverão vida (v. 4).
- Elas o guardarão e protegerão (v. 6).
- Elas darão entendimento (v. 7).
- Elas o exaltarão e honrarão (v. 8).

Segunda admoestação: "Aceitar as minhas palavras" (Provérbios 4:10-19)

Você já deve ter ouvido o ditado: "Um homem pode muito bem levar um cavalo até a água, mas ele não pode obrigá-lo a beber". Só quando o cavalo ficar com sede o suficiente, ele tomará água.

Sua função como mãe é pedir que Deus trabalhe no coração dos seus filhos, dando-lhes sede pela sabedoria espiritual, e fazer a sua parte para influenciar o coração deles por meio do amor maternal, da disciplina, da instrução e sendo uma testemunha segundo Deus. A palavra "aceitar" tem a ideia de "levar consigo" a instrução do pai. É uma verdade como a comida para viagem. A criança ouve de fato (v. 1) e depois toma esse ensino e o carrega com ela, dentro do coração.

A que esse pai deseja que o filho se agarre? O pai estabelece dois percursos diante do filho por meio de uma comparação:

- Primeiro percurso — Os versículos 10 a 13 descrevem esse trajeto como "caminho da sabedoria", como "veredas da retidão". O versículo 18 pinta este belo quadro de palavras: "A vereda dos justos é como a luz da aurora, que vai brilhando mais e mais até ser dia perfeito" (v. 18).
- Segundo percurso — Os versículos 14 a 17 mencionam essa opção como "vereda dos perversos, caminho dos maus". Em contraste ao brilho do versículo 18, o escritor explica: "O caminho dos perversos é como a escuridão; nem sabem eles em que tropeçam" (v. 19).

Com toda a certeza, esse pai sábio e cheio de amor perguntou ao seu jovem ouvinte: "Você escolherá a luz ou as trevas? Você decidirá pelo caminho da sabedoria ou pelo caminho dos perversos?"

Terceira admoestação: Inclinar os ouvidos
(Provérbios 4:20-27)

A repetição constante do clamor do pai ao filho é deliberada. Agora pense sobre a sua própria vida e a sua jornada de crescimento espiritual. Você respondeu de imediato a tudo o que leu na Bíblia ou a cada sermão que o seu pastor pregou? Se o fez, então você é altamente fora do comum. Para a maioria das pessoas — especialmente crianças e adolescentes —, existe um grande déficit de atenção.

A mudança espiritual não acontece da noite para o dia. A maior parte da espiritualidade vem de ouvir verdades conhecidas vez após vez, o suficiente para que finalmente sejam absorvidas. Então começamos tudo de novo e damos mais um passo rumo à espiritualidade. Esse pai é sábio o suficiente para saber que precisa ser reiterativo de forma constante.

O pai faz tudo o que está ao seu alcance. Ele alerta o filho para tomar cuidado com todos os aspectos da vida, que estão simbolizados pela boca, pelos olhos e pelos pés.

A boca (v. 24). Depois dos pensamentos (que vêm do coração), vêm as palavras. Foi isso o que Jesus disse em Lucas 6:45: "a boca fala do que está cheio o coração".

O coração é onde as palavras se originam, mas as ações, como a falsidade e os lábios enganosos, são apenas um sintoma da condição do coração da criança. Tanto a fonte quanto o sintoma devem ser abordados.

Os olhos (v. 25). Alguém disse: "Os olhos são os portões da alma" (autor desconhecido). A maior parte dos pecados começa com os olhos. O rei Davi é um exemplo excelente. O primeiro ato que posteriormente levou ao adultério e assassinato começou com os olhos: "Davi [...] viu uma mulher que estava tomando banho; era ela mui formosa" (2Samuel 11:2).

O pai do jovem o alerta para não deixar que os seus olhos façam que ele se perca. Ele instrui: "Os teus olhos olhem direito, e as tuas pálpebras, diretamente diante de ti" (v. 25). Esse é um bom conselho para todos nós para todo o sempre!

Os pés (v. 26,27). Assim como fez com os olhos, depois o pai alerta sobre os pés: "Pondera a vereda de teus pés". Esse versículo está prescrevendo a ideia de pesar o próprio curso de ação antes de prosseguir. Ou, como estou certa de que você já ouviu: "Olhe antes de pisar"!

Sabedoria de Deus para o seu Dia

Como vai a sua maratona — a corrida da maternidade? Pode ser que você tenha acabado de começar a corrida tendo um bebê pequeno, ou já esteja bem à frente na estrada da criação de filhos. Eu gostaria de dizer a você que a maternidade fica mais fácil conforme os seus filhos crescem; na realidade, é exatamente o oposto, mas sempre gratificante.

Mas, louvado seja Deus, você nunca está só. Deus está presente, um "socorro bem presente nas tribulações" (Salmos 46:1). O Espírito Santo fica ao seu lado para encorajá-la enquanto você lê e estuda a Palavra de Deus, e para auxiliá-la diariamente conforme você adquire e pratica a sabedoria que Provérbios descreve — e passa adiante para os seus preciosos filhos.

Como está a saúde do seu coração? Milhões de pessoas verificam a pressão sanguínea todos os dias para controlar o coração. A maternidade segundo Deus exige que você também fique de olho no seu coração à medida que você cresce em Cristo. Cuide do seu coração diariamente. Guarde o seu coração, despojando-se do pecado e se revestindo da justiça de Cristo. Quando Cristo está no centro do seu coração, será natural que você oriente os seus filhos a também colocarem o Senhor como centro. É como o nosso versículo para este capítulo exorta: "Sobre tudo o que se deve guardar, guarda o coração, porque dele procedem as fontes da vida".

5 sendo uma esposa fiel

Casamento

> Seja bendito o teu manancial, e alegra-te com a mulher da tua mocidade, corça de amores e gazela graciosa. Saciem-te os seus seios em todo o tempo; e embriaga-te sempre com as suas carícias.
>
> PROVÉRBIOS 5:18,19

uma oração

Querido Pai que estás no céu, sendo um Deus fiel que cumpres a tua aliança, tu não abandonaste o teu povo no passado nem abandonarás o teu relacionamento comigo no presente. Ajuda-me a ser firme e fiel à aliança do casamento que fiz com o meu marido. Deixando de lado todos os outros, que eu possa me esforçar diariamente para ser uma esposa amorosa segundo o teu coração. Amém.

Não é de surpreender que o casamento como instituição esteja definitivamente passando por dificuldades. Parece que o mundo secular desistiu do casamento. O mundo diz que o casamento não funciona e não é necessário; então por que o casal deveria passar por uma cerimônia? Por que não simplesmente viverem juntos?

Porém, o casamento foi a primeira instituição que Deus ordenou quando juntou o primeiro homem e a primeira mulher com esta bênção: "Por isso, deixa o homem pai e mãe e se une à sua mulher, tornando-se os dois uma só carne" (Gênesis 2:24). Este único versículo diz que:

- Deus instituiu o casamento.
- O casamento deve ser monogâmico e heterossexual.
- Os parceiros no casamento devem se tornar uma só carne e desfrutar de união física íntima.

Em adição a isso, Jesus ensinou que o casamento deve ser permanente (consulte Marcos 10:7-9).

Ao longo do livro de Provérbios, especialmente em Provérbios 5, encontramos instruções para dois grupos específicos de leitores.

Instruções de Deus para mulheres e esposas

A esposa deve ser leal ao marido e amável com ele. Provérbios 5 contém conselhos e alertas de um pai ao filho sobre a santidade do casamento. Ele enfatiza a importância de permanecer sexualmente puro até conhecer a mulher com quem se casará. Desse ponto em diante, ele deve valorizar a esposa e permanecer fiel a ela todos os dias da sua vida.

Quando lemos os belos dizeres poéticos de Provérbios 5:18,19, é impossível deixar de apreciar o papel amoroso que Deus espera que a esposa desempenhe na vida do marido.

- Ela deve ser uma fonte de bênção para ele.
- Ela deve trazer tanta alegria ao marido a ponto de ele se regozijar da sua boa sorte por tê-la encontrado.
- Ela deve ser como uma terna gazela amorosa e uma amável corça graciosa.
- Ela deve apreciar o seu papel de agradar e satisfazer o marido.

O marido está sempre enfatuado, eufórico, perdido e embriagado pelo amor da esposa, por causa do amor ardente que ela tem por ele. É como dizem, ele acha que ela é o máximo!

Esse tipo de amor e lealdade diária profundamente arraigada é exemplificado pela esposa excelente ao longo de Provérbios 31: "O coração do seu marido confia nela, e não haverá falta de ganho. Por quê? Porque ela lhe faz bem e não mal, todos os dias da sua vida" (v. 11,12).

Esse retrato da esposa fiel é a base para o que o pai está prestes a ensinar ao filho em Provérbios 5. Por meio desse pai sábio, o próprio Deus está dizendo que o casamento que o honra e cumpre a intenção dele para o casal casado é muito útil para fornecer um modelo não apenas para os seus filhos, mas também para o mundo, do projeto perfeito e puro de Deus para o casamento.

Não há nada que o Diabo, que é "mentiroso e pai da mentira" (João 8:44), gostaria mais do que destruir o plano de Deus para o casamento e a família. Ele trabalha sem cessar para afastar um cônjuge do outro e dos seus votos a fim de que caiam em uma vida de adultério e promiscuidade. É desnecessário dizer que, se você é casada, pode e deve fazer a sua parte para ser fiel ao seu marido nos seus pensamentos, conduta e ações.

Instrução de Deus aos filhos

O livro de Provérbios deixa claro que o adolescente e o adulto jovem devem ser instruídos a permanecer puros sexualmente. Em Provérbios 5, o pai sábio está ensinando e alertando mais uma vez o filho sobre a mulher perversa e imoral, a adúltera. Se você está surpresa com a repetição e espera que o próximo capítulo de Provérbios mude de assunto, permita-me dar apenas uma informação: essa instrução será repetida e reforçada por mais dois capítulos e será pontuada ao longo do restante do livro de Provérbios. Isso nos dá uma boa ideia de quanto a pureza sexual é importante para Deus e deveria ser relevante para nós e os nossos filhos!

Pense nisto. Quantas vezes você repetiu e repetiu alguma coisa de importância vital para os seus filhos? Por exemplo: Você já disse ao seu filho pequeno: "Não brinque na rua"? Você falou com ele apenas uma vez? Não mesmo; você falava isso toda vez que ele saía para brincar! A vida dele dependia da sua instrução — e da obediência dele.

Com o pai de Provérbios 5 não é diferente. Esse pai fiel e empenhado vai continuar com a instrução, porque ele é sábio, se importa, e a informação é vital para o futuro do seu filho. Como todo bom professor — e pai atencioso — sabe, a repetição é o segredo do aprendizado!

Seria incrível se o seu marido assumisse esse papel. Mas, se ele não fica em casa por causa da função que ocupa ou da agenda de trabalho, então você, como amada genitora do seu filho, precisará fazer que essa mesma informação entre no coração dos seus filhos. Você não pode simplesmente ter essa conversa uma vez e tirar da sua lista de "coisas que um bom pai ou uma mãe fazem". Você precisa fazer e refazer... várias vezes. O capítulo 5 de Provérbios dá uma lista de assuntos a serem abordados.

Nº 1: Cuidado com a adúltera (Provérbios 5:1-6). Uma razão pela qual alguns pais temem os anos da adolescência é o fato de terem de preparar os filhos para lidar com o relacionamento com o sexo oposto. O pai de Provérbios 5 também é assim. Esse homem dedicado começa pintando um retrato gráfico da mulher com quem o filho deve ter cuidado, a fim de reconhecer a adúltera e evitá-la por completo. Como o jovem pode reconhecer a mulher sedutora?

- As suas palavras são ardilosas (Provérbios 5:3) — "Os lábios da mulher adúltera destilam favos de mel, e as suas palavras são mais suaves do que o azeite".
- O seu encanto é enganoso (Provérbios 5:4) — Todas as palavras e ações encantadoras de uma adúltera são mentira. Na realidade, "o fim dela é amargoso como o absinto, agudo, como a espada de dois gumes".
- O seu fim é a morte (Provérbios 5:5,6) — Os passos dessa mulher levam à morte, e aqueles que se associam a ela encontram uma sorte semelhante. Em vez de escolher a vida, ela escolhe a morte e com prazer arrasta o jovem inocente com ela!

Nº 2: A infidelidade cobra um alto preço (Provérbios 5:7-14). Amamos louvar a Deus e nos regozijar na sua graça e no seu perdão. No entanto, sempre há uma consequência para o nosso pecado. Na criação de filhos, existem duas abordagens para ensinar e convencer os nossos filhos. Uma é contar a eles as muitas coisas boas que acontecerão como resultado de fazer o que é certo, de fazer as escolhas corretas. A outra é descrever de forma vívida, sincera e exata os resultados e consequências desastrosos que vêm quando se toma a decisão de fazer o que é errado.

Por mais difícil que seja não hesitar em falar de forma franca, alertar o filho e descrever o custo de sucumbir ao adultério, esse pai prossegue nos versículos 7 e 8: "Agora, pois, filho, dá-me ouvidos e não te desvies das palavras da minha boca. Afasta o teu caminho da mulher adúltera e não te aproximes da porta da sua casa:. Então ele expõe cinco consequências da infidelidade no casamento. Qualquer uma delas deveria fazer o ouvinte pensar duas vezes antes de ter um relacionamento ilícito.

- Uma vida desperdiçada (v. 9): "Perderá sua honra" (NVT).
- Perda financeira (v. 10): "Estranhos consumirão sua riqueza, e outros desfrutarão o fruto de seu trabalho" (NVT).
- Angústia mental (v. 11): "Você gemerá de angústia, quando a doença lhe consumir o corpo" (NVT).
- Autorrepreensão (v. 12,13): "Dirá: Como odiei a disciplina! Se ao menos não tivesse desprezado as advertências! Por que não ouvi meus mestres?" (NVT).
- Desmoralização pública (v. 14): "Cheguei à beira da ruína total, e agora todos saberão de minha vergonha!" (NVT).

Essas consequências da infidelidade são drásticas, assustadoras e chocantes. Ainda assim, o pai fiel não para com o potencial de causar um choque. Em vez disso, ele descreve a escolha mais correta — a melhor. Usando a ilustração da água, ele contrasta o desastre da infidelidade com a alegria revigorante e a vida abundante que a fidelidade no casamento traz tanto aos cônjuges quanto aos filhos. Ele adverte ao filho: "Bebe a água da tua própria cisterna e das correntes do teu poço" em vez de deixar que a sua água corra pelas ruas (v. 15,16).

Nº 3: A fidelidade junta bênçãos sobre bênçãos (Provérbios 5:15-20). Nesses versículos, o pai argumenta por que o filho deve ser fiel à esposa: O casamento que ele tem oferece tudo — e a sedução do mundo e a da adúltera não oferecem nada. Ele encerra essa conversa de homem para homem com o filho, no versículo 20, com esta pergunta retórica: "Por que, filho meu, andarias cego pela estranha e abraçarias o peito de outra?" Se fizéssemos essa pergunta hoje, poderíamos dizer: "Por que razão neste mundo você sequer olharia para a adúltera se tem uma esposa maravilhosa em casa?"

Nº 4: Escolha sempre os caminhos de Deus (Provérbios 5:21-23). O ponto principal para todas as nossas ações deveria ser obter a aprovação de Deus. Deus sempre está ciente das escolhas que os seus filhos fazem. "Os caminhos do homem estão perante os olhos do Senhor, e ele considera todas as suas veredas" (v. 21). Se você é casada, a fidelidade e a lealdade ao seu esposo "sempre" serão o caminho correto, o melhor rumo — não existe alternativa. Nunca será necessário imaginar o que Deus quer que você faça, pois a fidelidade no casamento é o caminho "de Deus"!

Sabedoria de Deus para o seu dia

Preciso admitir que me sinto tocada ao ler as passagens apaixonadas do pai dos capítulos 1 a 9 de Provérbios, aqui sentada com a minha Bíblia. Também estou penalizada. Esse pai — assim como o nosso Deus Pai — ama tanto os seus filhos que está comprometido com o ensino deles. Ele os instrui, apela a eles, explica as armadilhas da vida. Ele faz tudo o que pode para ajudar o seu precioso e amado filho a se desviar do pecado, do mal e das consequências desastrosas que certamente vêm quando as instruções de Deus não são acatadas.

A longa admoestação desse capítulo que faz um contraste entre o casamento e o adultério, proferida do coração de um pai dedicado, é definitivamente algo para aplicarmos a nós mesmas e reproduzirmos para os nossos filhos. O que você como mãe profundamente preocupada, dedicada e empenhada pode fazer?

Ore sem cessar. Desde o primeiro suspiro de vida do seu filho (e até antes disso), durante todos os anos de crescimento dele e mais além, até o seu último suspiro, ore pelo seu filho. Enquanto estiver orando, faça esta oração por você:

Deus, ajuda-me a persistir nos votos de casamento feitos diante de ti. Dá-me força para ser fiel a ti... ao esposo que me deste. Amém[1]

Forneça instrução. Certifique-se de que os seus filhos entendam os perigos sexuais que estão espreitando à porta da sua casa. Ensine o seu filho a respeitar, como se comportar e interagir com o sexo feminino. Ensine a sua filha a se vestir com decência.

Forneça um modelo de um casamento que tem Deus no centro. Você pode falar quanto quiser sobre piedade, pureza e amor, mas, se os seus filhos virem você e o seu marido exemplificarem essas qualidades, isso causará uma impressão permanente. Uma imagem vale mais do que mil palavras!

Pratique o que Deus recomenda:

- Permaneça alerta. Fique em guarda. Você vive no mundo, mas não é do mundo. Então prepare o seu coração antes de entrar no mundo.
- Tenha cuidado com o seu próprio comportamento com relação aos homens e como você se veste.
- Treine e ensine os seus filhos a resistir ao pecado e à tentação.
- Ame a Deus acima de qualquer outra coisa neste mundo.
- Seja fiel aos padrões de Deus e à vontade dele. Também, é claro,
- Seja fiel ao seu marido. "O coração do seu marido confia nela" (Provérbios 31:11).

---

[1] WILSON, Neil S. *The One Year Book of Proverbs*. Wheaton, IL: Tyndale House Publishers, Inc., 2002, 5 de junho.

6 seguindo o conselho de Deus

Caráter

> *Filho meu, guarda o mandamento de teu pai e não deixes a instrução de tua mãe; ata-os perpetuamente ao teu coração, pendura-os ao pescoço. Quando caminhares, isso te guiará; quando te deitares, te guardará; quando acordares, falará contigo. Porque o mandamento é lâmpada, e a instrução, luz; e as repreensões da disciplina são o caminho da vida.*
>
> PROVÉRBIOS 6:20-23

uma oração

Querido Senhor, eu só tenho uma vida para oferecer no teu serviço. Meu desejo é que a minha vida seja um reflexo do teu caráter santo. Sonda-me, ó Senhor, e conhece o meu coração. Como a tua Palavra diz, tu amas o coração que é humilde e busca somente o bem dos outros. Guia-me nos teus caminhos eternos para que eu possa te honrar e abençoar aos outros. Amém.

o que não ser

Uma qualidade que distingue um grande autor é a capacidade de continuar revisitando eventos e personagens de novas formas criativas. *Um conto de duas cidades* é um romance clássico escrito por Charles Dickens em 1859, que se passa em duas cidades, Londres e Paris, antes e durante a Revolução Francesa. Esse livro vendeu mais de 200 milhões de cópias e, de acordo com estimativas, é o maior *best-seller* de todos os tempos.

Ao ler o livro de Dickens, é impossível deixar de notar que ele descreve os personagens dando-lhes peculiaridades visuais que ele menciona várias vezes. É exatamente isso o que está acontecendo ao prosseguirmos pelos primeiros nove capítulos do livro de Provérbios. O autor tem certos tipos de indivíduos e certas qualidades de caráter que continua a reintroduzir capítulo após capítulo.

Mais uma vez, em Provérbios 6 o autor fala como um pai preocupado. Ele está dando conselhos ao filho. Sobretudo, ele está dando conselhos divinos ao filho. Note, ao ler, os três novos tipos de pessoas que ele apresenta na nossa lista crescente de "personagens" com quem tomar cuidado nesse drama da vida real. Repare especialmente no conselho específico dado por ele.

A pessoa que empresta demais (Provérbios 6:1-5). Depois de vários alertas para não se associar com más companhias e mulheres imorais, esse pai dedicado faz uma virada para dar conselhos financeiros.

Ele adverte contra se tornar responsável pelas obrigações financeiras de outras pessoas, dizendo: "Se ficaste por fiador..." (v. 1).

Isso significa ser um avalista — quem fica responsável pelo débito se o mutuário faltar com o pagamento.

Vamos entrar nesse cenário: suponha que algum parente ou amigo queira comprar um carro e pagar por meio de um empréstimo. No entanto, a classificação de crédito dessa pessoa não é boa o suficiente para financiar a compra, de modo que o vendedor de automóveis exige a assinatura de alguém que possa fazer os pagamentos caso o comprador deixe de pagar. O comprador em potencial — o seu amigo ou parente — então vem até você e pede que você assine como fiador. Caso você assine como fiador, "te empenhaste ao estranho".

Qual a melhor forma de lidar com esse tipo de solicitação? Reserve um tempo para pensar, orar e pedir conselhos. Não se sinta pressionada por qualquer limite de tempo. Tome todo o tempo de que precisar antes de assumir esse tipo de compromisso. É claro que, se você é casada, o seu marido deveria participar desde o início. (Isso também deveria se aplicar a ele.)

Se você se precipitar e concluir que cometeu um erro, os versículos 3 a 5 dizem o que fazer: Você deveria tentar persuadir esse parente ou pessoa próxima a liberá-la da promessa ou voto. Essa é uma questão de tanta importância que você não deveria nem descansar até estar liberada dessa responsabilidade.

Por que a Bíblia adverte com tanta austeridade contra se tornar fiador? Isso é algum tipo de lei severa do Antigo Testamento que não demonstra bondade aos amigos ou pessoas próximas? Considere estas razões por que você deveria levar o tempo necessário e ter certeza antes de concordar em ser avalista de um empréstimo:

- Você pode estar ajudando alguém a comprar algo que não é da vontade de Deus que ele tenha.
- Você pode estar desestimulando o desenvolvimento de paciência, fé e confiança em Deus nesse seu amigo. Se Deus quer que ele tenha esse bem, ele proverá.

- Você pode estar sendo uma má despenseira. Você deve ser uma administradora sábia e cuidadosa do que tem. "O que se requer dos despenseiros é que cada um deles seja encontrado fiel" (1Coríntios 4:2).
- Você arrisca a possibilidade de haver amargura em uma relação estreita, especialmente se essa pessoa deixar de pagar o empréstimo. É melhor que ela fique aborrecida com você logo de cara quando ouvir um "não" do que você levar a carga dos resultados de uma inadimplência no futuro.

Essa abordagem bíblica serve para discernir se existe uma necessidade real e legítima. Se sim, é melhor dar o dinheiro de uma vez do que se tornar fiador.

A pessoa que dorme demais (Provérbios 6:6-11). Você já deve ter visto uma lesma atravessando a rua. Bem, esta é a figura da próxima pessoa que tem falta de caráter: o preguiçoso.

Com a figura de uma lesma em mente, imagine a atividade da formiga. Essa criaturinha é diligente e trabalhadora. O foco não está no fato de estar se preparando para o futuro, mas no quanto trabalha de forma árdua.

A pessoa preguiçosa é exatamente o oposto da formiga trabalhadora. O preguiçoso adora dormir, ama o botão soneca do despertador e gosta demais de ficar revirando na cama (consulte Provérbios 26:14). Infelizmente, ele não vai adorar o resultado dessa indolência. Qualquer riqueza que ele possa guardar ou esperança de adquirir algo será retirada como que por um ladrão ou bandido.

Não sei no seu caso, mas para mim parece que o tempo nunca é suficiente. O tempo voa e é algo que, quando perdido, nunca poderá ser recuperado. Todos os livros sobre administração do tempo que já li dizem que a melhor forma de ter mais tempo é "ganhar tempo". Como isso é possível? Um meio é tornar-se mais eficiente: Aprenda a levar cinco minutos para fazer algo que no passado levava dez minutos. Outra maneira de ganhar tempo é fazer exatamente o oposto do preguiçoso e dormir menos... ou pelo menos levantar quando o despertador toca!

Você está achando que não tem tempo o bastante para ler a Bíblia e orar? Bem, problema resolvido! Levante cedo o suficiente para ler e orar.

Você está pensando que deseja aprender uma nova habilidade, outra língua? Estima-se que qualquer um pode se tornar expert em qualquer assunto se gastar apenas quinze minutos por dia nisso. Como isso é possível? É simples: Levante-se quinze minutos mais cedo todos os dias e gaste essa quantidade de tempo no seu objetivo até ficar expert!

A pessoa enganadora (Provérbios 6:12-19). Você sabe o que é um "charlatão"? Bem, conheça-o neste instante. Ele é o "impostor", o vigarista, como descrito há quase três mil anos. Aqui ele é chamado de "homem de Belial, o homem vil" (v. 12). Como ele é retratado?

- A sua boca é cheia de mentiras.
- Os seus gestos sugestivos e movimentos enganosos dão sinal aos seus comparsas ou de alguma forma baixam a guarda das suas vítimas.
- O seu coração está cheio de malícia e engano enquanto constantemente conspira maldade e discórdia.
- A sua condenação é certa. Ele pode pensar que vai escapar dos seus delitos, mas os seus pecados o apanharão, se não nesta vida, após a morte. Ele tem uma doença terminal sem cura.

Deus tem as suas próprias listas, e duas delas — chamadas de "provérbios numéricos" — se encontram aqui e também em Provérbios 30:15-33. O versículo 16 de Provérbios 6 declara: "Seis coisas o Senhor aborrece, e a sétima a sua alma abomina". Usando dois números diferentes, Deus, o autor, indica que essa lista não é exaustiva. É um rol de qualidades de caráter encontradas em qualquer pessoa que desagrada a Deus. Deus está dizendo que essas atitudes e ações nunca deveriam fazer parte da nossa vida. Aqui estão as sete dos versículos 16 a 19:

1. O olhar altivo ou "olhos altivos". Esse olhar diz: "Eu sou melhor do que você. Você não é ninguém, enquanto eu sou alguém".
2. A língua mentirosa. Toda meia verdade é uma mentira.
3. O coração assassino. Esse é um lembrete do sexto mandamento de Deus: "Não matarás" (Êxodo 20:13). Jesus levou esse mandamento um passo adiante e disse que não é apenas o fato, mas o pensamento, que faz a pessoa culpada (consulte Mateus 5:22).
4. O coração enganoso. Esse é o coração que está sempre armando e conspirando planos e esquemas perversos.
5. Pés que se apressam para o mal. Deus odeia não apenas a mente que planeja o mal, mas também os pés que são ávidos em realizá-lo!
6. A testemunha falsa. Deus odeia quem dá falso testemunho e despreza o dano causado àquele que foi falsamente acusado.
7. O semeador de discórdia. Note onde essa ação acontece — "entre irmãos".

Sabedoria de Deus para o seu dia

Uau! Essa lista de coisas que Deus odeia bem na sua frente deveria atuar como uma luz de alerta vermelho piscando! Que esses vários comportamentos negativos que Deus odeia sirvam como advertências diárias e instrução. Que essas figuras e verdades da Palavra de Deus provoquem em você uma determinação para não errar, ser relapsa ou indiferente quanto ao desejo — e adesão — pelo alto padrão de Deus para a sua conduta e o seu caráter.

Como mulher que deseja caminhar com Deus cada dia da sua vida, você pode ter segurança de que estará agradando a

Deus quando se comprometer diariamente a transformar as "coisas [que] o S㎜㎜ aborrece [e que] a sua alma abomina" nestas características de caráter positivas e amáveis, semelhantes às de Cristo:

- Coração humilde. "Humilhai-vos na presença do Senhor, e ele vos exaltará" (Tiago 4:10).
- Língua verdadeira. "Seja, porém, a tua palavra: Sim, sim; não, não. O que disto passar vem do maligno" (Mateus 5:37).
- Desejo de ver outras pessoas experimentarem a vida eterna. "Também sabemos que o Filho de Deus é vindo e nos tem dado entendimento para reconhecermos o verdadeiro; e estamos no verdadeiro, em seu Filho, Jesus Cristo. Este é o verdadeiro Deus e a vida eterna" (1João 5:20).
- Coração que busca somente o bem dos outros. "Servindo de boa vontade, como ao Senhor e não como a homens" (Efésios 6:7).
- Pés que são rápidos em se desviar do mal. "Foge, outrossim, das paixões da mocidade. Segue a justiça, a fé, o amor e a paz com os que, de coração puro, invocam o Senhor" (2Timóteo 2:22).
- Boca que fala como testemunha fiel. "Não saia da vossa boca nenhuma palavra torpe, e sim unicamente a que for boa para edificação, conforme a necessidade, e, assim, transmita graça aos que ouvem" (Efésios 4:29).
- Semeador de paz e harmonia. "Se possível, quanto depender de vós, tende paz com todos os homens" (Romanos 12:18).

7 vivendo uma vida de pureza

Moralidade

> *Dize à Sabedoria: Tu és minha irmã;*
> *e ao Entendimento chama teu parente;*
> *para te guardarem da mulher alheia,*
> *da estranha que lisonjeia com palavras.*
>
> PROVÉRBIOS 7:4,5

uma oração

> *Senhor, cria um coração limpo e renova um espírito correto em mim ao me empenhar a cada momento do dia de hoje para viver uma vida totalmente aceitável aos teus olhos. Que eu medite na tua Palavra ao longo deste dia e noite adentro a fim de poder te apresentar um coração sábio e uma vida pura. Amém.*

Você lembra da primeira impressão que teve da Bíblia? Para muitas pessoas, ela parece ser um livro enorme e impressionante. Uma leitura casual poderia fazer que aqueles que se aventuram pelas páginas da Bíblia pensem que esse volume está repleto de material que parece ter pouca ou nenhuma importância para o nosso mundo moderno.

Mas de forma alguma essa é a verdade. Como a Bíblia declara, ela foi escrita por Deus. É a revelação de Deus, por escrito, dele mesmo para o homem. Tudo o que precisamos saber sobre Deus, a vida, a santidade e a moralidade pode ser encontrado entre as capas desse livro maravilhoso.

Como resultado, a Bíblia não faz divagações. Deus não está meramente preenchendo páginas como muitos escritores fazem. Cada palavra e cada declaração na Bíblia têm um significado e, quando algo se repete, Deus tem uma razão para tanto. Um dos assuntos que o Senhor repete com frequência, entre os capítulos 1 e 6 de Provérbios, é a mulher imoral. Bem, prepare-se! A totalidade de Provérbios 7 trata desse tema. Não é por acidente, pois Deus não comete erros. É proposital, porque a falta de moral é um problema de todas as pessoas em todas as épocas. Esse assunto é tão relevante hoje quanto foi há três mil anos, quando o capítulo 7 de Provérbios foi escrito.

Já que a imoralidade é um problema muito sério, como eu, você e os nossos filhos podemos evitar, abordar e administrar esse problema desenfreado? Como podemos permanecer puros em um mundo impuro? A passagem de Provérbios 6:20-35 e todo o capítulo 7 abordam essa questão.

OBEDIÊNCIA À PALAVRA DE DEUS LEVA À PUREZA

Aqui está um ditado que parece dizer tudo: "Ou a Bíblia me afasta do pecado, ou o pecado me afasta da Bíblia". Ao sermos apresentados ao tópico do adultério, fica evidente que expressões como "guarda os meus mandamentos" e "guarda as minhas palavras e conserva dentro de ti os meus mandamentos" estão nos alertando para a importância dos "mandamentos" de Deus. Aqui estão alguns segredos para evitar a imoralidade e viver uma vida de pureza:

Guardar os mandamentos de Deus (Provérbios 6:20; 7:1,2). Em Provérbios 7, testemunhamos novamente pais empenhados e amorosos passando adiante as instruções de Deus à sua descendência. Se você deseja que os seus filhos vivam uma vida moral de acordo com a Palavra de Deus, então, como mãe, você precisa tratar a Palavra de Deus e os seus mandamentos como profundos, cruciais e de vital importância, o que inclui o pecado da imoralidade.

Internalizar os mandamentos de Deus (Provérbios 6:21,22; 7:3). Ler a Palavra de Deus é uma coisa, mas, quando a internaliza, você alcança um nível completamente novo de sabedoria. Com relação à Palavra e aos mandamentos de Deus, ele nos instrui a "atá-los perpetuamente ao coração e escrevê-los na tábua do coração". Essas passagens estão se referindo ao hábito de memorizar a Palavra de Deus.

Quando memorizamos e meditamos na Palavra de Deus, ela está conosco em todos os momentos. Aonde quer que você vá e qualquer que seja a tentação que apareça no seu caminho, a Palavra de Deus no seu coração e na sua mente a guiará. Quando você dormir, ela a protegerá. Quando você acordar, ela falará com você. É muito mais difícil pecar quando a Palavra de Deus está escrita no seu coração e flui pela sua mente como o sangue flui pelo seu corpo. Foi isso o que o salmista aconselhou em Salmos 119:9,11:

> De que maneira poderá o jovem guardar puro
> o seu caminho?

> Observando-o segundo a tua palavra. [...]
> Guardo no coração as tuas palavras,
>   para não pecar contra ti.

Confiar nos mandamentos de Deus para guiar você (Provérbios 6:23,24; 7:5). A vida em nosso mundo caído é uma empreitada tenebrosa, precária e enganosa. Existem infinidades de perigos para um filho de Deus. É extremamente reconfortante saber que a Palavra de Deus dá direção a você e aos seus filhos da mesma forma que uma lâmpada serve como a luz para guiá-la no escuro:

> Porque o mandamento é lâmpada,
>   e a instrução, luz (Provérbios 6:23).

Contar com os mandamentos de Deus para guardar você (Provérbios 6:24; 7:4,5). Provérbios 6:24 e 7:5 usam a palavra "guardar", o que transmite a ideia de um guardião — um guarda-costas — que permanece vigiando você para mantê-la segura. Da mesma forma, Deus quer proteger você e os seus filhos do mal que os cerca.

Rejeição à palavra de Deus leva ao pecado

Além de guardá-la e guiá-la para longe do pecado, a Palavra de Deus a guardará "da vil mulher e da mulher alheia, da estranha que lisonjeia com palavras" (Provérbios 6:24; 7:5). O pai de Provérbios 6:24-35 descreve de forma cuidadosa uma mulher adúltera, como ela age e as consequências trágicas para aqueles que rejeitam a sabedoria de Deus e escolhem ter um relacionamento imoral ilícito.

- Ela usa a beleza e as palavras para seduzir a presa. Fique longe dela e não dê ouvidos a nenhuma palavra que ela disser.
- Ela reduz a presa à pobreza. Ela suga a vida e a alma — e o dinheiro — daqueles que a seguem.
- Ela destrói tanto o caráter quanto a reputação. Uma vez que o caráter da pessoa está arruinado, é quase impossível recuperá-lo.

- Ela provoca um crime que não pode ser reparado. Um ladrão pode fazer restituição pelos seus crimes, mesmo que isso tire todas as suas posses. A adúltera, no entanto, nunca poderá apagar totalmente os danos provocados contra todas as partes — marido, esposa, filhos e parentes — por meio do adultério. Nenhuma quantia de dinheiro jamais será suficiente para reparar a profanação do casamento, da família e da reputação de um homem.

Rejeição à palavra de Deus leva à ruína

No texto de Provérbios 7:6-23, o pai fiel continua a descrever com exatidão como a meretriz aborda o "simples" e os "carecentes de juízo" (v. 7). Ao seguir a espiral descendente do pecado, não se esqueça de que as "vítimas" (v. 24) receberam uma oferta de proteção de Deus por meio da sua Palavra, sua sabedoria e seus mandamentos. Ainda assim, elas escolheram rejeitar a instrução de Deus e sofrer resultados devastadores.

Toda tentação para adulterar começa com a sedução (7:6-10). O jovem inocente é retratado como passando pela casa da prostituta ao "cair da noite" — um caso claro de alguém que escolheu estar no lugar errado e na hora errada. Em Provérbios 7:10-23, testemunhamos o passo a passo da sedução de uma mulher que leva ao ato do adultério:

- A sua aparência — A forma como a adúltera está vestida ("com vestes de prostituta") e
- a forma como ela age ("apaixonada e inquieta"), junto com o seu rosto ("de cara impudente") e
- a sua imprevisibilidade ("cujos pés não param em casa; ora está nas ruas, ora, nas praças, espreitando por todos os cantos") são fortes indícios de quem ela é e qual o seu propósito.

- A sua abordagem — Ela é ousada e impetuosa: "Aproximou-se dele, e o beijou".
- A sua provisão — Como já ofereceu os seus "sacrifícios pacíficos" a Deus no templo, ela tem um bom suprimento de carne em mãos e incita a sua vítima a vir para sua casa e compartilhá-lo com ela, já que essa carne precisa ser comida logo.
- As suas lisonjas — Ela finge que ele é "o homem" a quem estava procurando e que ele é importante.
- A sua sugestão e o seu convite — Ela descreve a sua cama e então faz um convite aberto para a noite.
- A sua declaração — Ela posteriormente desarma o rapaz que é a sua vítima, explicando que o homem da casa está fora e vai demorar a voltar.
- A destruição dele — Imediatamente, ele a segue como um animal prestes a ser abatido ou uma ave a ser pega numa armadilha. Ele não percebe que essa decisão custará a sua vida.

O pai conclui a sua instrução retornando às mensagens de alerta usadas com frequência em Provérbios 7:24-27:

- 1ª mensagem: Ouça e viverá! — "Não se desvie o teu coração para os caminhos dela".
- 2ª mensagem: Desobedeça e morrerá! — "A sua casa é caminho para a sepultura", a estrada para a morte.

Outro resumo dessa mensagem de suma importância nos oferece muito sobre o que refletir:

> Não são apenas homens fracos que falham, mas homens fortes no lugar errado, na hora errada, com pensamentos errados, pelas razões erradas.[1]

---

[1] MACARTHUR, John. *Bíblia de estudo MacArthur*. Barueri: Sociedade Bíblica do Brasil, 2010, p. 804.

Sabedoria de Deus para o seu dia

A sensualidade está viva e prosperando em nossa sociedade secular. Satanás tem como um dos seus maiores interesses perverter a felicidade e a bênção do casamento monogâmico pleno. O que você pode fazer hoje para preparar e proteger tanto a si mesma quanto os seus filhos contra esse ataque? Como você pode colocar a sabedoria de Deus em funcionamento no seu lar e na sua família hoje?

Ore. Ore por proteção de Deus não somente para você e o seu marido, mas também para o coração e a mente dos seus filhos. Ore para que eles obedeçam às instruções de Deus, como as que se encontram em Provérbios 6 e 7.

Não espere nem mais um minuto! Os seus filhos precisam ser instruídos e alertados. Nunca deixe de ensinar e advertir os seus filhos, mesmo quando se sentir igual a uma gravação que se repete sem parar. Essa é a Palavra de Deus, e ele a confiou a você para passar adiante aos filhos dados por ele. Um vigia nunca cessa os seus clamores de advertência até que as pessoas da cidade respondam e estejam seguras. Esse é o modelo de papel que você deve seguir como mãe, irmã ou tia aplicada e comprometida que vigia. Não retenha o seu amor — a sua paixão e preocupação. Permita que as crianças que fazem parte da sua vida não tenham a menor dúvida sobre quanto você se importa com a pureza delas — que você *realmente* se importa —, assim como elas deveriam se importar.

Proporcione oportunidades para fazer esta caminhada por Provérbios com os seus filhos e ajude-os a aplicar à vida diária as verdades contidas nele.

Crie um lar que ama a Deus, a Palavra dele e se compromete a segui-la. Viva a sua vida diária de tal forma que dê testemunho de que Deus é real e a Palavra dele transforma vidas, começando com você, o seu marido e se estendendo aos seus filhos.

Vivencie o plano de Deus para você como mulher cristã casada. Faça o necessário para garantir que o seu casamento seja saudável. Novamente, uma imagem vale mais do que mil palavras. Os seus filhos precisam ver que o casamento é uma bênção, cheio de amor, respeito e compromisso — e pureza.

8 Levando uma vida marcada pela sabedoria

Sucesso

> Feliz o homem que me dá ouvidos,
> velando dia a dia às minhas portas,
> esperando às ombreiras da minha entrada.
>
> PROVÉRBIOS 8:34

Uma oração

Querido Deus dos recomeços, eu te louvo e agradeço, porque na tua sabedoria sem igual me deste um manual para cultivar a sabedoria na minha vida. Ajuda-me a ser fiel na leitura e no estudo do teu livro de sabedoria — a Bíblia. Minha oração, Pai querido, é que hoje eu manifeste uma pequena porção dessa sabedoria na minha maneira de falar, agir e viver. Então, pela tua graça, que amanhã eu possa ser uma demonstração melhor do único Deus sábio e meu salvador, o Senhor Jesus Cristo. Amém.

Em Taiwan, Jim e eu fomos abençoados por vivenciarmos a Bíblia em ação. Já havia anos que eu lia Provérbios todo santo dia... o que significa que por anos eu li o versículo citado, Provérbios 8:34: "Feliz o homem que me dá ouvidos, velando dia a dia às minhas portas, esperando às ombreiras da minha entrada". A nossa família estava hospedada em uma base missionária — e experimentamos a maravilha de passar por um furacão na nossa primeira noite naquele lugar! Vários dias mais tarde, depois de as ruas estarem secas, os destroços serem removidos e a eletricidade ser restaurada, fizemos a nossa primeira excursão. O nosso mantenedor organizou tudo para que nós e as nossas duas filhas adolescentes fôssemos a uma universidade local para termos uma conversa com alunos que estudavam inglês.

Havia apenas um porém: essas aulas de inglês eram abertas a qualquer pessoa. Quem quisesse vi, não tinha que estar matriculado como aluno da universidade. Às 5h30 da manhã, ficamos chocados quando nos aproximamos dos portões da universidade. Milhares de pessoas estavam se apertando em volta dos portões, que abririam às 6 horas para a aula grátis de inglês. Na verdade, ficamos um pouco assustados enquanto éramos acompanhados por guardas para passar pela multidão e ser levados até uma porta especial para podermos nos preparar antes do horário da aula.

Realmente, eu estava vendo um versículo da Bíblia ganhar vida. Para mim, essa cena e essa experiência eram uma ilustração viva do que significa valorizar e almejar a sabedoria — vigiar às portas da Sabedoria todos os dias e esperar para ouvir com atenção. Essas pessoas estimadas desejavam tanto aprender inglês que colocaram isso como primeira coisa do dia. Elas se levantaram no escuro e seguiram até o local na esperança de estar entre o número limitado de pessoas, antes que chegasse o número de corte. Por causa disso, minha irmã em Cristo, eu fiquei convencida de que é assim que deveríamos começar a lidar com o nosso dia a dia — levantando cedo, fazendo todo e qualquer sacrifício para ler a Palavra de Deus, ouvir a sabedoria dele, vigiar e esperar ansiosamente por toda palavra que procede da boca dele.

Ouça o apelo da sabedoria

Sem demora, em Provérbios 8, no versículo 1, aprendemos que a "Sabedoria" clama do topo das colinas e das encruzilhadas, falando a todos que a ouvirem sobre a importância de aceitar as suas palavras. A Sabedoria está usando todos os meios disponíveis para incitar o povo — especialmente o filho jovem — a tomar uma decisão em seu favor, a escolher ser sábio, a ter cuidado. Agora ouça as suas palavras de súplica. O que a Sabedoria oferece é...

Válido (Provérbios 8:1-9). A sabedoria de Deus é relevante e está disponível.

- "Entendei, ó simples, a prudência; e vós, néscios, entendei a sabedoria" (v. 5).
- "Os meus lábios proferirão coisas retas" (v. 6).
- "A minha boca proclamará a verdade; os meus lábios abominam a impiedade" (v. 7).
- "São justas todas as palavras da minha boca" (v. 8).
- "Todas são retas para quem as entende e justas, para os que acham o conhecimento" (v. 9).

Valioso (Provérbios 8:10,11,18-21). A sabedoria é mais preciosa do que prata, ouro ou rubis. Era nisso que o rei Salomão acreditava e a razão por que pediu a Deus "sabedoria e conhecimento" em vez de riquezas (2Crônicas 1:11). Aqueles que possuem a sabedoria estão equipados para ser bem-sucedidos. Eles farão bom uso do que têm, prosperarão e, ainda melhor, serão bons, farão o bem e serão honrados.

Vital (Provérbios 8:12-17). Todo o povo de Deus precisa de sabedoria para administrar, orientar e julgar de forma sábia na sua esfera de influência. Deve ter condição de...

- dar bons conselhos;
- ter bom senso;
- ser compreensivo;
- ter controle sobre as suas emoções;
- guiar outras pessoas com julgamento reto; e
- ter um espírito de aprendiz.

Eterno (Provérbios 8:22-31). A sabedoria também é eterna.

- A sabedoria é companheira de Deus desde a eternidade passada.
- A sabedoria sempre existiu e sempre fez parte das atividades de Deus, de forma específica na criação.
- A sabedoria é um deleite constante de Deus. Leia e saboreie Provérbios 8:22-29 para obter uma experiência devocional verdadeira.[1]

Recompensador (Provérbios 8:32-36). A Sabedoria encerra com o seu apelo final para que a humanidade a aceite: "Agora, pois, filhos, ouvi-me, porque felizes serão os que guardarem os meus caminhos". Os seguidores de Deus são abençoados, porque:

---

[1] Muitos acreditam que a passagem de Provérbios 8:22-29 se refere a Jesus. No entanto, embora Jesus seja a revelação da sabedoria de Deus (1Coríntios 1:24), possua toda sabedoria e conhecimento (Colossenses 2:3) e tenha auxiliado na criação, não há indícios de que esses versículos sejam uma referência direta a Jesus.

- Só a sabedoria trará vida abundante. "Porque o que me acha, acha a vida". A sabedoria é realmente mais valiosa do que todas as riquezas do mundo. A fortuna não pode conceder vida. Ela pode melhorar a vida, mas só a sabedoria de Deus encontrada em Jesus Cristo pode dar vida — vida abundante, vida eterna: "Eu vim para que tenham vida e a tenham em abundância" (João 10:10).
- Só a sabedoria receberá a aprovação de Deus. Somente o sábio alcança favor do SENHOR" (Provérbios 8:35).

conheça uma mulher que tem sabedoria

Fiquei com um desejo maior por esse tipo de vida abençoada enquanto estava lendo esses capítulos de abertura de Provérbios e via as muitas qualidades e benefícios que a sabedoria produz. Então me perguntei: "Como seria a mulher que tem esse tipo de sabedoria?"

Virando mentalmente as páginas da Bíblia, uma mulher se destaca como mulher sábia — uma mulher que age, fala e administra a sua vida com sabedoria. Ela não era líder nacional nem tinha um título imponente. Não, ela era esposa e administradora do lar, uma mulher muito semelhante a você e a mim — simplesmente edificando o nosso lar e tomando conta da casa (entre outros milhões de coisas!). Ela também tinha algo que deveríamos desejar: uma grande porção de sabedoria.

Conheça Abigail. A história dela é narrada em 1Samuel 25:2-42. Ela era uma mulher que tinha que tomar decisões a todo momento. Ela tinha uma vida penosa. Era casada com um tirano alcoólatra chamado Nabal (que significa "tolo"). Podemos apenas imaginar a tensão nesse lar. Ainda assim, Abigail é aclamada como mulher de sabedoria — uma mulher que tem a vida caracterizada por conduta, ações e palavras equilibradas e sábias.

A atitude mais incrível de sabedoria de Abigail foi ter sido bem-sucedida em evitar um massacre entre o seu marido insensato e o vingativo guerreiro Davi com seus quatrocentos homens. Abigail sabia quando agir... e agiu. Ela sabia o que fazer... e fez. Ela também sabia o que dizer... e disse. Quais foram algumas das marcas da sabedoria de Abigail?

- Ela percebeu o contexto.
- Ela manteve a compostura.
- Ela formulou um plano.
- Ela falou com sabedoria.
- Ela foi bem-sucedida em influenciar outras pessoas.

A vida de Abigail nos ensina que todo desafio, ou responsabilidade que se apresente diante de nós pode ser tratado de melhor forma quando tratamos com a sabedoria de Deus.

Sabedoria de Deus para o seu Dia

Você deseja uma vida melhor — que se distingue por sabedoria superior e maior sucesso? Se esse é o desejo do seu coração, a Palavra de Deus indica estes passos diários:

- **1º passo.** Ore por sabedoria. "Se, porém, algum de vós necessita de sabedoria, peça-a a Deus, que a todos dá liberalmente e nada lhes impropera; e ser-lhe-á concedida" (Tiago 1:5). Foi isso o que o rei Salomão fez em 2Crônicas. Ele reconheceu que necessitava de sabedoria... e agiu pedindo a Deus que lhe desse. Não ore por um bom casamento, filhos obedientes, dinheiro para pagar as contas ou uma promoção no trabalho. Todos esses desejos podem ser válidos e necessários, mas são apenas sintomas de uma necessidade mais válida: a necessidade de sabedoria. Reflita sobre isso. A sabedoria dará o conhecimento e a capacidade para lidar de forma bem-sucedida com o seu casamento, os seus filhos, cada uma das suas necessidades — tudo. Não peça meramente a Deus que a ajude com um sintoma. Peça sabedoria a ele!

- **2º passo**. Busque a sabedoria. Eu amo de todo o coração o que Provérbios 2:4-5 diz sobre a sabedoria: "Se buscares a sabedoria como a prata e como a tesouros escondidos a procurares, então, entenderás o temor do Senhor e acharás o conhecimento de Deus". Quando comecei a estudar Provérbios, lembro-me de ter ficado impressionada com o trabalho exaustivo e o esforço necessário a um mineiro para escavar pedras preciosas, prata e ouro.

Então, durante uma viagem ministerial, Jim e eu tivemos a oportunidade de entrar em uma mina de diamantes. Descemos centenas de metros abaixo da superfície para chegar ao lugar onde poderíamos observar os diamantes sendo extraídos. Assim como aqueles mineiros, você e eu teremos que separar muito tempo para escavar todos os dias, com muita energia e em profundidade, para obter sabedoria.

Onde deveríamos buscar a sabedoria? O autor fala de forma muito direta: "Porque o Senhor dá a sabedoria, e da sua boca vem a inteligência e o entendimento" (Provérbios 2:6). O tesouro da sabedoria arduamente conquistada necessário para uma vida melhor vem da Bíblia. Você busca o tesouro da sabedoria com diligência e esforço? Você está escavando a sua Bíblia? Os seus objetivos pessoais incluem essa missão dada por Deus que é buscar a sabedoria? Se esse for o caso, a sua vida será melhor dia a dia ao explorar as Escrituras e extrair os seus tesouros.

- **3º passo**. Crescer em sabedoria. Salomão é um forte exemplo de pessoa que desejou a sabedoria, orou por sabedoria e buscou sabedoria. Infelizmente, ele também fornece um exemplo negativo de alguém que fracassou neste terceiro passo essencial: ele não cresceu em sabedoria.

  Salomão começou bem, mas, com o passar dos anos, permitiu-se desviar de Deus e da sua sabedoria. A sabedoria é como uma das plantas favoritas que você tem em casa. Ela precisa de água e nutrientes para continuar a crescer. A sabedoria também precisa ser cultivada. A sabedoria de ontem precisa ser revigorada, renovada e expandida hoje. Como isso é possível? O apóstolo Pedro dá a resposta: "Desejai ardentemente, como crianças recém-nascidas, o genuíno leite espiritual, para que, por ele, vos seja dado crescimento para salvação" (1Pedro 2:2).

9 Criando um Lugar Chamado Lar

Vida doméstica

> A Sabedoria edificou a sua casa, lavrou as suas sete colunas. Carneou os seus animais, misturou o seu vinho e arrumou a sua mesa.
>
> PROVÉRBIOS 9:1,2

Uma oração

Senhor, assim como capacitaste Bezalel no livro de Êxodo com a sabedoria e o conhecimento necessários para criar os móveis para o teu tabernáculo, capacita-me a criar um lar que te honre. Ajuda-me a abençoar outras pessoas enquanto trabalho para criar um lugar onde todas as atividades tenham o Senhor como centro — para que tu sejas a essência do meu lar. Assim como encheste o tabernáculo com a tua presença, preenche-me — e ao meu lar — com o amor, a alegria e a paz do teu Espírito Santo. Que o meu lar seja um refúgio e um pedacinho do céu na terra para os meus familiares e amigos. Amém.

Se já leu algum dos meus livros anteriores, você sabe que, enquanto leio a Bíblia, gosto de me concentrar nos versículos que dizem respeito especificamente à mulher. Posso me lembrar de forma muito vívida, como se fosse ontem, de abrir a minha Bíblia novinha e começar a ler o livro um, página um, capítulo um, versículo um — Gênesis 1:1. Com um marca-texto cor-de-rosa na mão, eu estava pronta para fazer as minhas primeiras marcações cor-de-rosa.[1]

Não demorou muito para eu descobrir o fato de que Deus criou "homem e mulher" e os encarregou: "Sede fecundos, multiplicai-vos, enchei a terra e sujeitai-a" (Gênesis 1:27,28). Juntos, o homem e a mulher deveriam criar um lar, ter uma família e tomar conta do seu ambiente. É óbvio que Deus tinha um serviço para o homem, mas também deu uma função à mulher: ela deveria ser "auxiliadora" do homem (Gênesis 2:18).

Ao ler esses capítulos de abertura na minha Bíblia nova, eu ficava me perguntando: "O que significa ser auxiliadora do meu marido?" Com essa questão queimando no meu coração, comecei a minha jornada para descobrir a resposta. Com o passar dos anos, estudei e escrevi muita coisa sobre a ideia de ser uma "auxiliadora". Uma coisa que continuava surgindo no meu estudo era que eu posso ajudar o meu marido proporcionando um lugar para ele e os nossos filhos se retirarem depois de um dia estressante no mundo aí fora.

Você pode encontrar uma forma de fazer tudo o que for necessário para proporcionar um lugar especial para aqueles que você

---

[1] Consulte *Uma mulher segundo o coração de Deus*, de Elizabeth George (São Paulo: United Press, 2000), para ler sobre a história da "caneta cor-de-rosa" e as "passagens cor-de-rosa".

ama — um lugarzinho chamado lar — independentemente do fato de passar ou não cada minuto do seu dia dentro desse lugar que você chama de lar. Essa é uma maneira decisiva de cumprir o projeto de Deus para você como ajudadora.

Ao chegarmos ao capítulo 9 de Provérbios, marquei os primeiros seis versículos em cor-de-rosa. Marcar em cor-de-rosa é o meu jeito de assinalar que existe alguma coisa nesses versículos para me instruir como mulher, esposa e mãe. Aqui vamos nós!

A sabedoria edifica o lar (Provérbios 9:1-6)

Ao entrarmos nesse novo capítulo de Provérbios, note que o autor continua a definir e a explicar a "sabedoria". No capítulo 8, a "Sabedoria" estava fora, nas estradas e ruas, gritando para que as pessoas a ouvissem. Aqui, no capítulo 9, ela criou um ambiente especial na casa dela para as pessoas virem e verem em primeira mão o que ela tem a oferecer. Esse lugar — "a sua casa" — não era algo que ela simplesmente juntou. Não, ele foi preparado com muito esforço, tempo e cuidado.

A Sabedoria edificou a sua casa (Provérbios 9:1). A fina dama Sabedoria "edificou a sua casa, lavrou as suas sete colunas. Isso mostra que ela se esforçou ao máximo para construir a sua casa. As "sete colunas" não são explicadas em detalhes, mas sete é o número da perfeição. Talvez possamos dizer que a casa dela é um lugar perfeito aonde as pessoas poderiam ir, um lugar onde as suas necessidades seriam atendidas. Aplico o exemplo da Sabedoria na edificação do lar desta forma:

- Esforçar-me para edificar o meu lar. Quando digo "edificar", não estou pensando em uma estrutura ou em gastar muito dinheiro. Não, o foco principal de uma mulher precisa ser o cuidado necessário para produzir um lar, e não uma casa. Ele é construído com sabedoria, compreensão e conhecimento,[2]

---

[2] Consulte Provérbios 24:3,4.

com prudência e bom senso, com gestão hábil, princípios práticos e bíblicos.

A Sabedoria estava preparada (Provérbios 9:2). A Sabedoria tinha um plano. O cardápio reflete a sua disposição, preparação e provisão de comida que nutre e restaura — carne, vinho e todos os pratos de acompanhamento adequados. Nada foi omitido no seu planejamento.

Qual a minha aplicação pessoal?

- Seguir os passos da Sabedoria. Você precisa orar e exercitar o plano exclusivo de Deus para a sua vida e o estilo de vida que ele lhe deu. Você precisa descobrir qual a melhor forma de ajudar aqueles à sua volta, começando com a sua família. É provável que você conheça este ditado: "Se você não planejar o seu dia, alguém o fará por você"! Quanto mais você planejar, maior o potencial de sucesso. É ao orar e planejar, depois fazendo o plano dar certo, que o seu lar é edificado, estabelecido e suprido de forma que honre a Deus e abençoe os outros. Quando você segue o plano de Deus, a sua casa e os seus cômodos "se encherão [...] de toda sorte de bens, preciosos e deleitáveis" (Provérbios 24:4).
- Bens preciosos e deleitáveis como o quê? Como amor, alegria, paz, paciência, bondade, benignidade, mansidão, fidelidade e o tão necessário autocontrole — o fruto do Espírito Santo (Gálatas 5:22,23). Como uma abundância de qualidades nobres de caráter. Como uma serenidade terna e paciente que ministra ao corpo e à alma. Como palavras que são "doces para a alma e saúde para os ossos" (Provérbios 16:24, ARC, ACF). Quando você segue o plano de Deus, o seu lar fica fundado e suprido com todo o necessário àqueles que habitam nele.

A Sabedoria já deu ordens às suas criadas (Provérbios 9:3-6). Agora que está pronta, a Sabedoria manda que as suas servas espalhem a notícia. Essa mensagem simples é tanto para o tolo quanto para o ignorante — "deixai os insensatos", ou, como diz outra tradução: "deixem os seus caminhos tolos[3] e escolham andar "pelo caminho do entendimento".

- Qual a melhor forma de mostrar ao mundo que o plano de Deus para o lar e a família funciona? Ou qual a melhor maneira de fornecer um modelo? Deixe que o mundo veja tudo o que a sua edificação, o seu planejamento e oração, pela graça de Deus, produziram! Possibilite que ele contemple um casamento pleno do Espírito Santo. Permita que ele veja uma família que se ama reciprocamente e ama Jesus Cristo. Deixe que ele veja a obra transformadora de Deus por meio do seu Filho. Assim como a Sabedoria, você pode acenar e exclamar: "Venham e vejam com os seus próprios olhos!" enquanto exibe um lar que tem Cristo como centro para o mundo observador.

Escolhendo edificar o seu lar

Mais uma vez, como nos capítulos anteriores de Provérbios, Deus oferece uma oportunidade ao leitor: "Deixai os insensatos e vivei; andai pelo caminho do entendimento" (Provérbios 9:6). Essa escolha se estende a nós. Podemos escolher seguir a sabedoria e edificar o nosso lar, ou decidir pela insensatez e permitir que o nosso lar e a vida dentro dele sejam inferiores, que desmoronem e se degradem por negligência. Acredito com todo o meu coração que você se importa com o seu lar — as pessoas e o lugar —, que você deseja cuidar e edificar. Que você quer o que a sabedoria tem a oferecer. Tendo isso como desejo do seu coração, você vai se dar ao esforço. Aqui estão algumas práticas que a ajudarão a ficar focada no seu lar.

---

[3] VAUGHAN, Curtis, ed. *The Word: The Bible From 26 Translations* — Moffit. Gulfport, MS: Mathis Publishers, Inc., 1991, p. 1178.

As suas orações. Colocar-se diante de Deus em oração eleva o trabalho da vida doméstica do reino físico e o transporta para o reino espiritual. A oração auxilia a alinhar os seus desejos com os planos de Deus para você como mulher, dona de casa, esposa e mãe. Orar diariamente é o primeiro passo fundamental — o ponto de partida — para crescer em sabedoria... a sabedoria que capacita a edificar um lar para os seus amados, que abençoa a todos que entram pela sua porta.

O seu propósito. Resolva ser uma edificadora do seu lar. Tenha como propósito no seu coração vivenciar esse papel e essa tarefa dados por Deus. Mesmo que formar e cuidar de um lar não seja algo viável ou um desejo ardente do seu coração neste momento, faça o propósito de seguir a vontade de Deus, custe o que custar. Então confie nele para obter as bênçãos que ele decidir derramar e enviar sobre o seu caminho enquanto você cumpre a sua parte como edificadora do seu lar.

A sua presença. A sua presença em casa é o meio de construir, manter e desfrutar do lar. Pode ser que você tenha um emprego ou responsabilidades que tirem uma fatia do seu tempo a cada dia, mas, quando estiver em casa, determine-se a estar ali por inteiro. Dê tudo de si. Deleite-se em amar o seu lar — o lugar onde aqueles que você ama vivem ou vêm visitar. Um bom exercício é orar enquanto volta do serviço para casa ou no tempo em que está fora de casa cumprindo as suas tarefas. Isso afastará os seus pensamentos e a sua energia do que estava fazendo e colocará o seu foco totalmente no que está diante de você — o seu lar, doce lar! Essa prática da oração impedirá que você traga os problemas, questões, emoções e cansaço do trabalho e das suas atividades para dentro de casa. Em casa você tem como intuito ministrar aos seus amados, ser uma esposa e mãe amorosa.

Sempre que você estiver em casa, é tempo de poder amar a sua família e cuidar da sua habitação. Esses esforços resultam em um lar construído para honrar a Deus e servir aqueles que vivem ali. Ah, como eles serão abençoados... e você também!

sabedoria de Deus para o seu dia

Na passagem de Provérbios 9, Deus contrasta dois tipos de mulheres que são totalmente opostas: "Sabedoria" (Provérbios 9:1-6) e "Loucura" (v. 13-18). A Sabedoria é disposta. Ela planeja, se prepara, ora e produz de forma ativa um lar tranquilo e amoroso. Deus pinta a imagem da Sabedoria como uma mulher que é uma dona de casa dedicada.

Mas a Loucura, o oposto da Sabedoria, é preguiçosa e não tem a menor noção — nem interesse — do que significa criar um lar ou ser a auxiliadora do marido. Ela "é ignorante e não sabe coisa alguma". Ela se senta — sim, "assenta-se à porta de sua casa" — e grita aos que passam. Exatamente como Deus a descreve, "a loucura é mulher apaixonada, é ignorante e não sabe coisa alguma".

As últimas palavras assustadoras de Deus sobre a mulher Loucura afirmam que os outros "não sabem que ali estão os mortos, que os seus convidados estão nas profundezas do inferno". É como um comentarista bíblico declara:

> "A casa da senhora Loucura não é um lar, mas um mausoléu. Se você entrar nela, não sairá vivo."[4]

Como edificadora do seu lar e dona de casa para Deus, você é a doadora da vida. Você é a mulher de sabedoria do Senhor que "atende ao bom andamento da sua casa e não come o pão da preguiça" (Provérbios 31:27). Você é a mulher excelente que abençoa todos os que cruzam o seu caminho — ou a sua porta —, todos os que entram no seu cantinho chamado lar.

---

[4] ALDEN, Robert L. *Proverbs — A Commentary on an Ancient Book of Timeless Advice.* Grand Rapids, MI: Baker Book House, 1990, p. 80.

10 ABENÇOANDO OS OUTROS COM AS SUAS PALAVRAS

Boca

> A boca do justo é manancial de vida,
> mas na boca dos perversos mora a violência.
>
> PROVÉRBIOS 10:11

uma oração

Senhor, é impossível refletir sobre a minha boca sem recordar estas palavras do coração de Davi: "As palavras dos meus lábios e o meditar do meu coração sejam agradáveis na tua presença, Senhor, rocha minha e redentor meu!" Pai justo, ao considerar o versículo escolhido para este capítulo, ensina-me a te contemplar com tanta frequência que a minha boca se torne uma fonte de bondade e vida. Dá-me a língua do instruído. Que eu possa ser alguém que fala uma boa palavra a seu tempo àqueles que estão exaustos e necessitados de encorajamento. Amém.

Quando comecei a ler um capítulo de Provérbios por dia, fiquei frustrada. Parecia que eu simplesmente não conseguia pegar a ideia do que os provérbios estavam tentando me dizer. Então, um dia, a minha mentora sugeriu que eu começasse a classificar os provérbios, procurando e relacionando os temas em comum enquanto lia. Bem, que mulher não tem problema com a boca? Então escolhi a letra "B" de "boca" e é incrível como em apenas um relance posso notar que 11 dos 32 versículos de Provérbios 10 abordam o assunto da boca, do nosso modo de falar e, no meu caso, também do meu ensino.

A convicção e a instrução que obtive ao me deter no assunto da boca, da língua, do modo de falar e da comunicação vieram sobre mim como um *tsunami*. Esse tema essencial em Provérbios demandou muito tempo gasto pesquisando e tentando aplicar a sabedoria vinda de Provérbios na minha vida diária, no meu casamento, com as minhas filhas e até enquanto ministrava para mulheres na igreja.

Apenas uma observação: ao iniciarmos esta seção (Provérbios 10—24), você perceberá algumas mudanças. Esses são os "provérbios de Salomão" (Provérbios 10:1). Nesse novo segmento, veremos um leque aleatório de provérbios. A maior parte dos quinze capítulos abordará provérbios selecionados que, quando levados a sério, proporcionam oportunidades para escolhermos corrigir as nossas más ações e atitudes — o que pensamos e falamos.

A bênção começa com um modo de viver justo

A primeira vez em que nos deparamos com a palavra "justiça" foi em Provérbios 1:3, onde ela está ligada à sabedoria — "para obter o ensino do bom proceder, a justiça, o juízo e a equidade". Depois dessa declaração inicial, a palavra "justo" ou "justiça" se repete mais de noventa vezes no livro de Provérbios. Ao longo de todo o livro, o justo é visto como alguém que anda por caminhos retos de integridade e justiça. Os seus planos e ações são honrados. Ele é generoso, cuidadoso, guarda a lei de Deus e obedece aos seus mandamentos. Esses são os atos do justo. Resumindo, ele é uma boa pessoa que faz coisas boas.

É triste, mas a verdade é que as ações do perverso são justamente o oposto. Esse contraste se estende ao modo de falar do justo em comparação ao do perverso — que fala de forma rude, nociva e violenta.

Sendo filha de Deus, é provável que você esteja muito mais interessada nas palavras daquele que é justo. Bem, eu estou! Então, para nossa serventia, o que as palavras do justo produzem?

As palavras do justo oferecem vida. "A boca do justo é manancial de vida, mas na boca dos perversos mora a violência" (Provérbios 10:11). Quem vivia no tempo de Salomão, conheceria de forma precisa a imagem que estava sendo pintada com essas palavras. A água, tanto naquele tempo quanto agora, é o bem mais precioso nos desertos do Oriente Médio. Acredite, sei disso porque eu mesma já experimentei essas condições áridas! Ainda tenho lembranças vívidas da minha primeira visita ao Oriente Médio. Esqueça a comida! Todo o nosso foco estava em garantir que levássemos uma preciosa garrafa de água conosco. O nosso maior anseio era água!

A temperatura era de pelo menos 43 graus ao ar livre, enquanto peregrinávamos quilômetro a quilômetro pelo Saara. Jim e eu estávamos em uma viagem um tanto singular que tinha como programa nos levar do lugar onde estávamos, no Egito, aos países do Líbano, Síria, Jordânia e então até Israel. Foi uma aventura que nunca vou esquecer. Já no primeiro dia aprendi a dar mais valor a um gole de água do que à comida!

Mas naquele momento estávamos a caminho de um assentamento de beduínos no meio do deserto. Ao nos aproximarmos do nosso destino, notei uma grande quantidade de palmeiras. A área era verdejante, com diversas plantas e um grande reservatório de água. O acampamento estava montado em torno de um oásis, com água jorrando do chão. Aquela água que fluía dentro do oásis fornecia vida a tudo e todos que entravam em contato com ela. Sem essa fonte, só existiria morte!

A fonte daquele oásis é uma ilustração do refrigério e da vida que você pode oferecer ao falar com outras pessoas, com o seu marido e com os seus filhos. Tudo o que uma fonte pode fazer é jorrar, produzir um som agradável e brotar água da terra. As suas águas fluem sem parar. Quando buscar a justiça e se esforçar para ser íntegra, onde quer que você esteja, e com quem quer que esteja falando, a sua boca transbordará com palavras de bondade e encorajamento. Você será portadora de refrigério e vida.

As palavras do justo sugerem valor. "Prata escolhida é a língua do justo, mas o coração dos perversos vale mui pouco" (Provérbios 10:20). Recentemente, quando Jim e eu fomos ao México em ministério, o nosso organizador de eventos nos levou para passear nas pirâmides astecas fora da Cidade do México. Logo em seguida, visitamos um ourives especializado em prata da região, onde pudemos observar cada passo envolvido na produção da prata escolhida e a destreza que resultava em muitos anéis, braceletes e colares de prata, primorosos, feitos à mão. Eles eram incríveis... porque eram a "prata escolhida". Bem, pensando mais à frente, que o meu aniversário se aproximava, o meu querido Jim comprou uma pequena gargantilha para mim.

Sempre que uso essa gargantilha tão preciosa para mim, que o meu marido me deu, penso nesse provérbio. Da mesma forma que o meu colar de prata escolhida, as palavras de uma mulher bondosa têm valor. Não são simplesmente conversa fiada. Quando ela abre a boca, as pessoas se inclinam na expectativa de que maravilhosa escolha de palavras genuínas de sabedoria e refrigério ela vai compartilhar. Ao contrário das suas palavras notáveis, a palavra proferida pelo "coração dos perversos vale mui pouco". As palavras da mulher bondosa, que vêm de um coração puro e valoroso, são de grande valor, enquanto as do coração perverso não têm serventia.

As palavras do justo oferecem auxílio. "Os lábios do justo apascentam a muitos" (Provérbios 10:21). Na minha Bíblia, esse versículo tem um "B" de boca ao lado — e também um "E". Isso porque, quando leio esse versículo, também imagino na minha mente o "ensino" ("E") da Palavra de Deus. Um professor íntegro, seja homem, seja mulher, além de se alimentar com o seu estudo, também tira desse aprendizado alimento espiritual para oferecer aos que o ouvem. Como sou professora e escritora, leio — e oro — repetidas vezes esse versículo. O meu desejo é dar auxílio espiritual, tendo o privilégio de escrever e falar para mulheres.

Em contraste a isso, "por falta de senso, morrem os tolos". Esse provérbio poderia ser parafraseado: "O bem alimenta a si mesmo e aos outros, mas o mal não consegue sequer manter-se vivo".[1]

As palavras do justo oferecem sabedoria. "A boca do justo produz sabedoria, mas a língua da perversidade será desarraigada" (Provérbios 10:31). No meu livro *Bela aos olhos de Deus*,[2] descrevo outra viagem que tive o privilégio de fazer com o meu marido enquanto ele acompanhava um grupo de alunos do seminário em um *tour* de três semanas por Israel por motivo de estudo. Em um dos nossos passeios diários, fomos levados de ônibus até o mar Morto, que recebe esse nome por um bom motivo. O rio Jordão flui para dentro desse mar — mas nada flui para fora dele. A água é altamente salina, por isso nada vive nessas águas. É literalmente um mar "morto".

Mais tarde naquele mesmo dia, viajamos até um lugar chamado En-Gedi (que significa "nascente do cabrito"), onde experimentamos o oposto do mar Morto. Havia uma queda d'água magnífica, uma

---

[1] MacDonald, William. *Enjoying the Proverbs* (Kansas City, KS: Walterick Publishers, 1982), p. 58.
[2] George, Elizabeth. *Bela aos olhos de Deus*. São Paulo: United Press, 2002.

piscina de azul profundo e um riacho de água cristalina fluindo de uma elevada passagem natural de pedras. Foi uma bênção tão maravilhosa e um alívio do calor seco escaldante que a maior parte dos alunos nadou ou se jogou naquela nascente fresca e revigorante.

Na minha mente e no meu coração, essa nascente é a imagem das palavras da mulher justa. As suas palavras fornecem não apenas vida e auxílio, mas também sabedoria que revigora. Ao longo dos anos, conheci um grande número dessas mulheres sábias e vibrantes e me esforcei para passar o maior tempo possível com elas. Eu queria o que elas tinham a oferecer — sabedoria, alegria e encorajamento. Espero que você tenha notado o contraste entre a língua do justo e a do perverso. As palavras de uma pessoa boa são como uma árvore que produz flores de sabedoria. Mas a pessoa cujas palavras são tortuosas ou perversas é como uma árvore sem nenhum propósito e que é cortada.

As palavras do justo são dignas. "Os lábios do justo sabem o que agrada, mas a boca dos perversos, somente o mal" (Provérbios 10:32). Como parte da minha jornada até Cristo, eu comecei a buscar "alguma coisa" visitando diversas igrejas e uma porção de reuniões religiosas esquisitas por várias semanas. Eu não conseguia dizer de forma consciente o que estava buscando. Mas toda vez que eu saía de uma daquelas reuniões religiosas, sabia no meu coração que algo na mensagem deles não estava certo. A falta de aceitação me fez continuar procurando, procurando, procurando...

... até que Jesus Cristo me encontrou. Ele me alcançou dentro da minha própria casa enquanto eu lia o único livro religioso que tínhamos — uma Bíblia que ganhei quando criança. O que aquele livro — a Bíblia — estava dizendo era aceitável ao meu coração. Fazia sentido. Tinha respostas — respostas reais — para as minhas perguntas. O que ela estava dizendo era digno do meu tempo e da minha consideração. A sua mensagem preencheu um vazio no meu coração e na minha alma. Isso me levou a aceitar o fato de que Jesus Cristo era Deus e eu poderia segui-lo!

Então agora, em Provérbios 10:32, Deus está nos dizendo que esse é exatamente o tipo de discurso que ele quer que compartilhemos. Ele deseja que abençoemos os outros com o que expressamos — falando o que é verdadeiro, útil, edificante, bom, saudável, digno, aceitável e cheio de graça.

Tenho tentado ser esse tipo de pessoa — cujos lábios produzem o que é aceitável — desde que aceitei Cristo como meu Salvador, desfrutando de muitos anos de crescimento espiritual. Isso, minha amiga leitora, é o que Deus deseja das mulheres que o amam — de mim e de você! Que possamos afastar para bem longe o que é perverso e maligno, e falar somente o que é digno do Senhor e de nós, mulheres que pertencem a ele.

sabedoria de Deus...para o seu Dia

Como somos abençoadas, porque o livro de Provérbios está alojado bem no meio da Bíblia! Isso torna muito fácil encontrá-lo! Nesse livro, Deus apresenta palavras de sabedoria que dizem ao povo dele como viver, andar e falar de forma sábia. Ao iniciar o seu dia, coloque estas poucas palavras de sabedoria em ação no seu discurso e nas suas interações com aqueles que cruzarem o seu caminho hoje:

Pense antes de falar. "Nos lábios do prudente, se acha sabedoria, mas a vara é para as costas do falto de senso" (Provérbios 10:13). Tenha como objetivo selecionar com cuidado palavras e expressões que estejam à altura dos padrões que Deus tem de sabedoria e bondade.

Espere antes de falar. "Os sábios entesouram o conhecimento, mas a boca do néscio é uma ruína iminente" (Provérbios 10:14). Pode ser que você já tenha ouvido o ditado: "É melhor calar-se e deixar que as pessoas pensem que você é um idiota do que falar e acabar com a dúvida". Infelizmente, isso é uma grande verdade! Esperar em vez de despejar algo permitirá que você ouça todos os fatos, pese o acontecido, considere a pessoa com quem está falando e, acima de tudo, possibilitará que você se acalme — e faça uma oração rápida antes de falar!

Quando falar, dê preferência a poucas palavras.
"No muito falar não falta transgressão, mas o que modera os lábios é prudente" (Provérbios 10:19). Estou certa de que você já experimentou a agonia que se sente quando continuamos falando, tomadas de nervosismo, explicando e preenchendo cada espaço de silêncio. Quanto mais você abre a boca e quanto mais tempo leva o seu falatório, mais fundo é o buraco que você cava. Esse problema pode ser resolvido com facilidade. Pense: "Menos é ótimo"! [P.S.: Essa é a mensagem que Jesus transmitiu nestas poucas palavras: "Seja, porém, a tua palavra: sim, sim; não, não" (Mateus 5:37).]

A minha oração por você e por mim é que abençoemos os outros com o nosso modo de falar. Que sejamos como a mulher excelente de Deus que "fala com sabedoria, e a instrução da bondade está na sua língua" (Provérbios 31:26). Que o nosso coração seja íntegro como o dela. Que as palavras da nossa boca que jorram do nosso coração aperfeiçoem, melhorem e abençoem a vida daqueles que as ouvem.

11 Aprimorando o seu caráter

Virtudes

> Tão certo como a justiça conduz para a vida, assim o que segue o mal, para a sua morte o faz.
>
> PROVÉRBIOS 11:19

uma oração

Querido Deus que estás no céu, o meu maior desejo é que, assim como uma árvore plantada próximo a rios de águas, cujas folhas não murcham, eu também possa plantar diariamente o meu coração perto de ti. Quero exibir um comportamento íntegro e virtudes espirituais que sejam um sinal da vida do teu Filho em mim para aqueles que eu encontrar hoje e um farol de luz atraindo pessoas para meu Salvador sem igual. Amém.

É provável que você tenha os seus próprios versículos favoritos da Bíblia, que lê vez após vez e talvez tenha até memorizado. Eles são tão preciosos e benéficos que podem se transformar em "versículos-tema" para certos aspectos da sua vida. Um versículo que eu e o meu marido, Jim, tomamos como nosso versículo-tema sobre casamento é Lucas 1:6. Ele traz uma descrição notável de Zacarias e Isabel, que mais tarde se tornariam pais de João Batista:

> Ambos eram justos diante de Deus, vivendo irrepreensivelmente em todos os preceitos e mandamentos do Senhor.

A maravilha sobre esse casal e o seu viver junto é que nunca tinha experimentado a bênção tão preciosa e desejada de ter filhos. Na Antiguidade, não ter filhos geralmente era visto como maldição de Deus. Ainda assim, esse casal "justo" não virou as costas para Deus nem servia ao Senhor de forma irresoluta ou resignada. Apesar dos seus problemas pessoais e da aflição do seu coração, eles confiavam nos mandamentos de Deus e os seguiam de forma completa e sincera.

No capítulo anterior deste livro, aprendemos o que significa ser "justo" e os efeitos do discurso da pessoa "justa". No Antigo Testamento — especialmente no livro de Provérbios —, o íntegro era uma pessoa boa que fazia coisas boas e, por isso, era uma bênção para os outros. No Novo Testamento, os mesmos resultados ocorriam na vida de Zacarias e Isabel. Por causa da sua obediência aos mandamentos das Escrituras — "os mandamentos do Senhor" — na velhice, Deus abençoou esse casal e o mundo, dando-lhe um filho, João Batista, o precursor do Senhor Jesus Cristo! Zacarias e Isabel não foram os únicos a serem abençoados por essa criança, pois o filho deles cresceu para abençoar uma multidão de outras pessoas. Como arauto, João Batista mostrou o Messias vindouro às pessoas e as preparou para a "salvação de Deus" por meio do arrependimento.

Cultivando qualidades de caráter segundo Deus

Aqui no capítulo 11 de Provérbios, continuamos a ver uma coleção aleatória de princípios sábios escritos pelo rei Salomão. Neles, aprendemos o que acontece quando uma pessoa boa ou justa lança mão do comportamento positivo e busca o auxílio de Deus para eliminar o comportamento negativo, pecaminoso e iníquo. Deus tem muito a nos ensinar sobre a importância de prestar extrema atenção ao cultivo e aprimoramento das qualidades de um caráter segundo Deus!

Honestidade versus desonestidade. Se procurar a definição de "integridade" no dicionário, você descobrirá que significa ser verdadeiro, confiável e ter convicções, coisas essas que significam que tal pessoa é "direita". Um homem ou mulher que tem integridade é uma pessoa honesta. Você pode contar com ela para fazer a coisa certa pela razão correta, mesmo quando ninguém está observando. Ela tem caráter e é guiada por um conjunto de princípios bíblicos e morais que a mantêm no caminho reto e estreito do Senhor.

Em contraste a isso, a pessoa desonesta ou traiçoeira tem pouco, ou nada, de convicção ou padrões morais. Por isso, ela o caminho de menor resistência, que é de fato traiçoeiro. O escritor de Provérbios nos conta quais recompensas cada um desses tipos de pessoas recebe:

> A integridade dos retos os guia; mas, aos pérfidos, a sua mesma falsidade os destrói (Provérbios 11:3).

A pessoa desonesta, traiçoeira, pérfida, sem moral será destruída pelo seu próprio mal. Por causa da sua maldade, ela perde a oportunidade de experimentar a "vida real", as alegrias e bênçãos diárias que uma vida reta traz. Ainda mais trágico que isso é o fato de perder a chance de viver no céu! Como é lamentável que uma pessoa possa escolher uma vida presente de desonestidade em vez de uma vida futura sem lágrimas, dor, sofrimento e pecado. Um lugar de vida eterna para se deliciar na presença e glória do Deus todo-poderoso e do seu Filho eterno, nosso Salvador, o Senhor Jesus Cristo!

A pessoa íntegra e virtuosa será guiada ao que é correto, poderá viver — viver de verdade — e desfrutar da vida ao máximo. Não existe medo do futuro, pois a dádiva da vida eterna concedida por Deus a aguarda.

Amo estes dizeres de uma fonte desconhecida: "A integridade é algo que não se recebe. Ela é resultado da busca incansável pela honestidade em todo o tempo". Senhor, faz-nos incansáveis em nossa busca pela honestidade!

Fofoca versus silêncio. É provável que você já tenha ouvido ou visto o termo "mexeriqueiro" em algum momento da sua vida. Enquanto pesquisava o significado exato dessa palavra, encontrei esta definição vivaz: Mexeriqueiro é fofoqueiro! Com toda certeza, você sabe exatamente o que isso significa. Estou certa de que você também conhece certos indivíduos no seu ambiente de trabalho, na sua vizinhança e talvez até na igreja que salivam com o que ouvem ou veem e no mesmo instante começam a tagarelar e a espalhar a notícia!

Não se pode confiar que o mexeriqueiro use de sabedoria e autodisciplina para permanecer calado quanto ao que ouve — o que pode nem ser verdade. Ele é simplesmente desprovido das virtudes da sabedoria e discrição. Ainda pior do que essas deficiências é o fato de lhe faltar amor. Ele não ama a pessoa de quem está falando, porque "o amor cobre todas as transgressões".[1]

---
[1] Consulte Provérbios 10:12 e 1Pedro 4:8.

No meu livro *Uma mulher segundo o coração de Deus*,[2] eu escrevi de forma extensiva sobre o meu problema pessoal com a fofoca quando era recém-convertida. Reconhecendo e admitindo o meu problema, comecei a prestar atenção ao que a Bíblia fala sobre a pessoa que faz fofoca. Fiquei chocada ao descobrir que o livro de Provérbios pinta uma imagem triste e alarmante da destruição e do dano que vêm de uma pessoa que faz fofoca. Por exemplo, a fofoca...

- Trai uma confidência (Provérbios 11:13; 20:19). "O mexeriqueiro descobre o segredo, mas o fiel de espírito o encobre. O mexeriqueiro revela o segredo; portanto, não te metas com quem muito abre os lábios."
- Separa amigos íntimos (Provérbios 16:28). "O homem perverso espalha contendas, e o difamador separa os maiores amigos."
- Mantém a fomentação (Provérbios 26:20). "Sem lenha, o fogo se apaga; e, não havendo maldizente, cessa a contenda."

Quanto mais estudava e pesquisava as Escrituras, mais agoniada eu ficava — agoniada comigo mesma e com o meu pecado. Qual foi a solução para extirpar a fofoca da minha vida? Em primeiro lugar, chamei o que eu estava fazendo pelo seu nome exato — fofoca é pecado. Depois pedi que Deus trabalhasse de forma poderosa na minha vida, no meu coração — e na minha boca! Baseada em Provérbios 11:13 ("mas o fiel de espírito o [segredo] encobre"), decidi não fazer nada. Eu não queria mais saber de nada sobre ninguém. E, se ouvisse algo por acidente, eu escolhia não dizer nada, ficar em silêncio. A única coisa que posso fazer é agradecer e louvar a Deus, porque essa dura lição foi aprendida e corrigida nos meus primeiros anos de conversão!

---

[2] 0Consulte *Uma mulher segundo o coração de Deus*, de minha autoria. São Paulo: United Press, 2000.

Ao ler o livro de Provérbios todos os dias, você aprenderá que os conceitos são uma fonte extremamente prática sobre como viver uma vida justa e piedosa — uma vida de caráter —, e isso inclui uma vida sem fofoca!

Graça e discrição. A maior honra que uma mulher pode receber é o elogio e a admiração das pessoas mais próximas a ela. Ao andarmos com o Senhor e seguirmos a sua Palavra, a nossa vida será um retrato de graça e virtude. Ela será exatamente como Deus diz:

> A mulher graciosa alcança honra (Provérbios 11:16).

Sem buscarmos honra, reconhecimento, popularidade ou atenção, alcançaremos honra e respeito, e receberemos elogios dos outros, começando com os de casa. A nossa família será abençoada. O nosso marido e os nossos filhos, da mesma forma. Os nossos amigos chegados e os conhecidos do trabalho, da casa ao lado e do grupo de estudo bíblico da igreja responderão aos nossos caminhos graciosos. É um pré-requisito: como Deus declara, a mulher graciosa alcança honra.

Ao contrário do mundo em que vivemos, Deus não está interessado na nossa beleza externa. Na verdade, ele pinta esta imagem bizarra da "beleza":

> Como joia de ouro em focinho de porco,
>   assim é a mulher formosa que não tem discrição
> (Provérbios 11:22).

Imagine só um porco com uma argola de ouro no focinho, que ele usa para roçar lixo, lama e restos de comida! Por que colocar um ornamento tão lindo em um corpo tão indigno? Seria ridículo! Isso se compara a uma mulher bela que não demonstra nenhuma discrição, maturidade, tato ou sabedoria. Ela pode ter beleza exterior, mas é só isso o que ela tem, e, pelas suas ações, é como um reles animal que chafurda na lama.

Não, Deus fixa o seu prêmio na beleza interior — em nossas virtudes excelentes. Em nossas qualidades espirituais e em nossas virtudes semelhantes às de Cristo, como a retidão, a graciosidade e a tão necessária discrição.

Deus vê especialmente com bons olhos a mulher que "teme ao Senhor", como estes provérbios afirmam:

> Levantam-se seus filhos e lhe chamam ditosa;
> seu marido a louva, dizendo: Muitas mulheres
> procedem virtuosamente, mas tu a todas sobrepujas. Enganosa é
> a graça, e vã, a formosura, mas a
> mulher que teme ao Senhor, essa será louvada
> (Provérbios 31:28-30).

Sabedoria de Deus para o seu dia

Já compartilhei que, quando aceitei Cristo como o meu Salvador, deixando o mundo, toda vez que eu encontrava uma passagem que falasse comigo como mulher, eu marcava com um marca-texto cor-de-rosa. Hoje, ao continuar a ler a Bíblia, essas "passagens cor-de-rosa" que mencionam de forma específica alguma coisa sobre a mulher continuam a me fazer lembrar como devo falar e agir na qualidade de filha de Deus.

Independentemente de você marcar ou não a sua Bíblia, continue lendo todo santo dia. Essa prática diária é o meio de aprimorar o seu caráter e fortalecer as virtudes espirituais. Por meio dessa disciplina cotidiana, a graciosidade é estabelecida e a discrição é cultivada. Por meio desse hábito diário, a honestidade é aperfeiçoada, e a fofoca é silenciada e banida para sempre. Continue lendo o livro de Provérbios, um capítulo por dia. Hoje, você é uma pessoa diferente do que era ontem. O dia de ontem se foi. Cada novo dia chega com um conjunto totalmente novo de problemas — ou talvez com o desafio de continuar a lidar com os já existentes! Como você bem sabe, cada dia tem as suas próprias barreiras, desvios, lombadas e catástrofes.

Minha esperança é que você esteja adquirindo sabedoria e instrução da Bíblia para os problemas de ontem. Mas repito: hoje é um novo dia — o *seu* novo dia. Também é o dia que o Senhor deu a você, com um conjunto completo de novos desafios e responsabilidades que ele deseja ajudá-la a enfrentar. Permita que Deus guie os seus passos ao longo do seu dia. Abra a sua Bíblia, abra o seu coração e ore: "Desvenda os meus olhos, para que eu contemple as maravilhas da tua lei" (Salmos 119:18).

Sinta-se encorajada, minha amiga. Deus, na sua Palavra, dá tudo de que você precisa para enfrentar qualquer coisa que apareça no seu caminho e no seu dia, de maneira piedosa — à maneira dele. Você pode começar cada dia da sua vida com estas palavras divinas de verdade e promessa:

> Graça e paz vos sejam multiplicadas, no pleno conhecimento de Deus e de Jesus, nosso Senhor. Visto como, pelo seu divino poder, nos têm sido doadas todas as coisas que conduzem à vida e à piedade, pelo conhecimento completo daquele que nos chamou para a sua própria glória e virtude, pelas quais nos têm sido doadas as suas preciosas e mui grandes promessas, para que por elas vos torneis coparticipantes da natureza divina (2Pedro 1:2-4).

12 tornando-se mais hábil a cada dia

Aprendizado

> *O caminho do insensato aos seus próprios olhos parece reto, mas o sábio dá ouvidos aos conselhos.*
>
> PROVÉRBIOS 12:15

uma oração

Ó fonte de todo bem, venho diante de ti neste novo dia com um coração que, com muita facilidade, pode ser teimoso e rebelde. Demasiadas vezes, no meu orgulho e tolice, escolho avançar com base nos meus próprios esforços e confiar na minha própria sabedoria limitada, resistindo ao teu conselho perfeito e à tua contribuição sábia por meio da tua Palavra. Hoje, submeto-me à tua sabedoria. Pai, por favor, ensina-me e guia-me nos teus caminhos eternos. Amém.

Talvez você conheça este ditado: "Confessar-se é bom para a alma, mas ruim para a reputação". Bem, lá vamos nós! Quando nos tornamos uma família cristã, Jim e eu estávamos desesperados para mudar todas as áreas da nossa vida; e quanto mais depressa, melhor! É óbvio que o nosso primeiro passo foi nos juntarmos a uma igreja de ensino bíblico. Então, quando começamos a ler e estudar a Bíblia, percebemos que ela tinha resposta para cada uma das nossas necessidades, problemas, perguntas e assuntos — *todas* as respostas!

Você não conseguiria imaginar a nossa completa alegria quando, *Eureca!*, descobrimos que o livro de Provérbios é uma mina de ouro da sabedoria. Queríamos crescer depressa, e esse livro dava respostas às nossas perguntas: "Como podemos ser mais hábeis e mais sábios hoje do que éramos ontem? Como podemos crescer hoje?"

O verdadeiro caminho para obter sabedoria é um espírito ensinável

Aqui está uma porção de provérbios que nos guiam rumo à sabedoria. Cada um deles manda ouvirmos conselhos, nos cercarmos de uma grande quantidade de conselheiros, prestarmos atenção à repreensão e à correção e progredirmos de forma intencional em sabedoria. Resumindo, o verdadeiro caminho para obter sabedoria é um espírito ensinável.

Aprender com a experiência dos outros. "O caminho do insensato aos seus próprios olhos parece reto, mas o sábio dá ouvidos aos conselhos (Provérbios 12:15). Eis um princípio que ouvi em um seminário de treinamento para professores: "Quem depende das suas próprias experiências tem relativamente pouco material com que trabalhar". Bem, por ter saído do mundo, eu tinha inúmeras experiências, mas em sua maioria eram do tipo errado. Como já disse, eu precisava desesperadamente de ajuda, sobretudo para o fortalecimento do meu casamento e a criação das minhas duas filhas pequenas. Então, em adição à leitura da Bíblia, adquiri conselhos de múltiplos provérbios como esse (12:15) e comecei a procurar outros que pudessem me auxiliar no meu crescimento como mulher cristã.

Comecei a olhar pela minha nova igreja e a observar as mulheres que pareciam ser bem-sucedidas nas áreas de casamento, educação de filhos, ministério e disciplina pessoal. Não me importava se a mulher fosse mais jovem do que eu. Se ela exibisse uma qualidade que a Bíblia dizia que eu precisava ter, eu pedia ajuda, instrução e conselho a essa mulher.

Provérbios 12:15 contrasta dois tipos de pessoas. O primeiro é o insensato: "O caminho do insensato aos seus próprios olhos parece reto". Essa pessoa tola não está buscando auxílio ou sabedoria com outras pessoas. Em vez disso, ela pensa de forma equivocada que já sabe de tudo. Mas a segunda pessoa é sábia: "O sábio dá ouvidos aos conselhos". Buscar — e ouvir — aconselhamento é uma marca da mulher que é sábia.

Esse não deveria ser um conceito estranho. Considere todas as pessoas que contratam consultores, técnicos, treinadores, nutricionistas e especialistas em eficiência para ajudá-las a melhorar a sua vida pessoal ou os seus negócios. Mas e você? Você não precisa contratar ninguém! Deus já forneceu a você o seu conselho completo na sua Palavra. Ele também deu outras mulheres cristãs que são maduras, experientes e podem dar conselhos sábios a você.

Imagine só! A minha maior e primeira grande bênção foi perceber que elas estavam esperando — sim, esperando — para ser a mulher de "Tito 2" para mulheres como eu, que era nova na fé e precisava de auxílio para entender o plano de Deus para a minha vida.[1]

Você também pode procurar as mulheres de Tito 2 na sua igreja. Essas senhoras estão disponíveis para guiá-la e instruí-la em meio a dificuldades e fases da vida. Essas mulheres mais maduras são o exército de Deus de especialistas angelicais, prontas para ajudá-la a fazer crescer as suas asas espirituais. A Bíblia ensina que as "mulheres idosas [...] sejam mestras do bem, a fim de instruírem as jovens..." (consulte Tito 2:3-5). Elas têm como responsabilidade estabelecer um exemplo, ensinar e encorajar. Você tem como responsabilidade ir atrás delas, fazer perguntas e ser uma mulher sábia que dá ouvidos aos conselhos".

Busque múltiplas opiniões. "Não havendo sábia direção, cai o povo, mas na multidão de conselheiros há segurança" (Provérbios 11:14). Esse provérbio originariamente contrastava uma nação que cai por falta de conselhos com uma nação que desfruta de vitória por causa dos seus muitos conselheiros experimentados. Isso também se aplica a você e a mim. Quando você precisar tomar uma decisão importante com relação a casamento, família, emprego, saúde, educação de filhos e mais, certifique-se de reunir opiniões e conselhos de várias pessoas que você respeita — pessoas que são sábias e experientes.

A sabedoria contida em Provérbios 11:14 é a sua salvaguarda. Se confiar em si mesma, nos seus sentimentos, no seu conhecimento limitado e nas suas melhores amigas ou companheiras de trabalho (que possivelmente falarão o que você *quer* ouvir), você poderá tomar uma decisão que a leve na direção errada. Ao buscar múltiplas opiniões, você está reunindo sabedoria coletiva, conhecimento e experiência de outras pessoas. Sente-se aos pés dessas mulheres.

---

[1] Consulte Tito 2:3-5. Talvez você também queira ler o livro *A Woman's High Calling* [O chamado celestial de uma mulher], de minha autoria. Eugene, OR: Harvest House Publishers, 2001.

Absorva os seus conselhos. Deus promete que o insensato independente, ignorante, autossuficiente e orgulhoso cairá. Louvado seja o Senhor, porque ele promete que o humilde seguidor da sua vontade e da verdade experimentará a vitória.

Aceite a repreensão de outra pessoa. "Não repreendas o escarnecedor, para que te não aborreça; repreende o sábio, e ele te amará" (Provérbios 9:8). Como você costuma lidar com as críticas? Qual a sua atitude ou reação quando alguém dá a você um conselho que não pediu — ou não gostou? Esse é um teste que revela se você está na categoria do "escarnecedor" ou na categoria da mulher "sábia". Qual deles é você? Os sábios recebem a admoestação e repreensão com agradecimentos; os tolos, não.[2]

Escrevendo para seus dois filhos adolescentes, este escritor e pai explicou Provérbios 9:8 com estas palavras e conselhos diretos e fáceis de entender:

> A forma como um homem recebe a reprimenda é um indicador do seu caráter. O escarnecedor odeia você, enquanto o homem sábio lhe será grato [...]. Em vez de se ressentir com a crítica, o sábio a leva em consideração e dessa maneira se torna mais sábio.[3]

Seja um aprendiz por toda a vida. "Dá instrução ao sábio, e ele se fará mais sábio ainda; ensina ao justo, e ele crescerá em prudência" (Provérbios 9:9). Esse provérbio fala do processo permanente de comunicar — e receber — sabedoria. Amo a narrativa do desenvolvimento de Jesus até se tornar adulto em Lucas 2:52:

> E crescia Jesus em sabedoria, estatura e graça,
>   diante de Deus e dos homens.

---

[2] MacArthur, John. *Bíblia de estudo MacArthur*, p. 806.
[3] MacDonald, William. *Enjoying the Proverbs*. Kansas City, KS: Walterick Publishers, 1982, p. 51,52.

Jesus seguiu o rumo natural em direção à maturidade. A vida dele foi uma progressão, e esse também deveria ser o nosso objetivo — tornarmo-nos mais hábeis e sábias a cada dia, assim como mais maduras espiritualmente. Todo dia que Deus permite que vivamos é um dia para aprendermos algo novo e diferente. Como você pode garantir que cada dia a faça avançar no aprendizado e no crescimento?

Leia! Um meio essencial para crescer por meio da experiência de outra pessoa é lendo livros escritos por mulheres crentes e piedosas. Por exemplo, você tem algum problema em alguma questão ou papel na sua vida? Então encontre um escritor cristão que tenha respostas nessa área para você. Examine como ele ou ela lidou com esse mesmo problema. Aprenda com os textos bíblicos que o autor desse livro compartilha. Esse escritor passou anos lutando, pesquisando e lidando com a mesma questão que você e agora está oferecendo auxílio bíblico para você conquistar vitória nessa área. Pare para pensar: É possível que dez anos ou mais da experiência desse escritor estejam contidos em um único livro, e ela pode ser sua por apenas alguns reais e algumas horas do seu tempo de leitura. Que negócio da China!

Faça perguntas. Não simplesmente qualquer pergunta, mas as perguntas certas: questionamentos que aumentarão a sua compreensão da Bíblia e de como ela se aplica à sua vida e aos seus problemas. Lembre-se de que você é um aprendiz. Isso significa que qualquer um pode ensinar algo a você. Pode até ser um especialista em alguma área. Descubra o que é esse algo e depois aprenda com ele.

Você já ouviu que não existe pergunta estúpida. Então não tenha medo de questionar. Uma indagação nunca feita é uma informação nunca aprendida. Pergunte... e pode ser que você aprenda alguma coisa de grande benefício para você, algo que mude a sua vida!

Exercite-se. "Quem ama a disciplina ama o conhecimento, mas o que aborrece a repreensão é estúpido" (Provérbios 12:1). A palavra "disciplina" também pode ser traduzida por "instrução". A ideia é que o aprendizado, o conhecimento ou a sabedoria não vêm de forma fácil. Todas essas buscas exigem esforço. Então o esforço da disciplina como descrito em Provérbios 12:1 é a forma de continuar a ser um aprendiz por toda a vida.

Pode chegar um momento na sua vida em que você se sinta confortável com o seu nível de conhecimento, seus papéis e responsabilidades. As coisas estão bem em casa, você está se saindo bem no serviço e no cuidado das atividades e compromissos do seu dia a dia. Tudo está muito fácil. Os seus desafios pessoais ou ministeriais se aplainaram, e você sente que sabe o que está fazendo.

Isso aconteceu comigo. Por duas décadas, busquei crescimento espiritual, cultivei o meu casamento, fui mãe na prática e aceitei qualquer desafio ministerial que aparecesse na minha igreja. Então, um dia acordei e tudo estava bem... e calmo. As minhas duas filhas estavam casadas. Lá estava eu, fazendo as mesmas coisas repetidamente, imaginando: "É isso mesmo? Será que eu já cheguei ao topo? Senhor, o que vem agora?"

Foi então que, por direção de Deus, decidi iniciar uma ocupação nova e completamente diferente — e megadesafiadora: escrevi um livro! Foi pouco depois de começar a conversar sinceramente com Deus sobre a minha condição vigente que, de repente, do nada, uma editora me ligou (!) querendo saber se eu gostaria de escrever um livro.

Imagine só quanto eu cresci! Avalie quantas coisas novas aprendi (foram muitas coisas)! Considere quanto me exercitei e me disciplinei! Ufa... isso foi cerca de cem livros atrás, enquanto eu crescia em uma área totalmente alheia. Cada um desses cem livros e estudos bíblicos trouxe consigo a necessidade de pesquisar mais a Bíblia (crescimento), melhorar a minha habilidade de escrita (instrução) e criar um meio completamente novo de administrar o meu tempo (direção).

Não seja como o mar Morto. Não fique estagnada! E-X-E-R-C-I-T--E-SE! Pergunte todos os dias:

- "Que assunto novo eu posso aprender hoje?"
- "Com quem posso aprender hoje?"

- "Como posso me exercitar em algum aspecto da minha vida hoje?"

Esteja disposta a pagar o preço. Quando Jesus falou sobre o céu, ele fez uma conexão com um comerciante que busca pérolas finas. Quando o comerciante encontrou "uma pérola de grande valor, ele foi e vendeu tudo o que possuía e a comprou".[4] Quando se deseja aprender, crescer em sabedoria e na vida cristã, isso tem um custo. Leva tempo para ler e estudar a Bíblia — e os provérbios. É preciso tempo para se encontrar com outra mulher a fim de obter orientação, prestar contas e receber aconselhamento. É necessário tempo — e dinheiro — para ler livros que sejam repletos de sabedoria e instrução, para permanecer engajada no estudo bíblico pessoal e para participar de alguma conferência ministrada por oradores talentosos.

Sim, crescer em sabedoria requer tempo — e às vezes, dinheiro —, mas a recompensa é grande. Ao compartilhar a sabedoria que buscou — e adquiriu! —, você agradará a Deus e abençoará outras pessoas.

Sabedoria de Deus para o seu Dia

Sou grata a Deus porque uma das minhas primeiras mentoras sugeriu que eu escolhesse cinco assuntos do meu interesse e pelos quais estivesse apaixonada para pesquisar e estudar. Bem, levei essa tarefa a sério e comecei a estudar. Hoje, muito do que aprendi ao longo dos anos nas cinco áreas selecionadas, você está lendo nos meus livros. Então faço o mesmo desafio a você. Selecione hoje cinco áreas de interesse e comece o processo de aprendizado — ou pelo menos comece a orar sobre quais devem ser esses tópicos. Quem sabe? Talvez daqui a alguns anos eu esteja lendo um dos seus livros!

---

[4] Consulte Mateus 13:45,46.

... O que me leva a esta última palavra de encorajamento: O que você está aprendendo não serve apenas para você. Deus deseja que você aprenda, cresça... e transmita esse conhecimento e essa experiência para os seus filhos e outras mulheres. Este é o plano de Deus para a sua vida: que você passe adiante o que sabe e tem aprendido, que você seja mestra do bem, a fim de instruir as jovens (cf. Tito 2:3,4).

Peça a Deus que a dirija à pessoa certa enquanto segue o conselho sábio dele para ser uma mulher que é fiel em pedir aconselhamento e parecer de outras pessoas. Aqui está uma oração que você pode fazer hoje e sempre que estiver buscando orientação espiritual:

> *Senhor, eu te peço que me mostres como buscar conselho. Revela-me as pessoas que podem me dar recomendações sábias. Ensina-me a discernir e usar a instrução que eu receber. Ajuda-me a crescer e aprender de modo que eu possa dar bons conselhos a outras pessoas que tiverem necessidade.*[5]

Você deseja aprender e crescer na sua fé e na sua vida cristã? Se a sua resposta for positiva, como no meu caso, haverá um custo. Mas a recompensa é grande. Uma mulher que está aberta a conselhos, correção e repreensão demonstra que está *realmente* querendo aprender. Infelizmente, não existe um meio fácil de aprender. Isso exigirá tempo, esforço e *talvez* até repreensão de outras pessoas. O livro de Provérbios diz que aquele que recebe conselhos é "sábio" (12:15), mas quem rejeita a instrução de outras pessoas é "estúpido" (12:1), ou "insensato" (12:15). Quanto você realmente quer aprender, crescer espiritualmente, ser uma mulher piedosa? Se o seu

---

[5] WILSON, Neil S. *The One Year Book of Proverbs*. Wheaton, IL: Tyndale House Publishers, Inc., 2002, 12 de maio.

desejo for ser esse tipo de mulher, então esteja pronta para aceitar conselhos e receber repreensão de outros irmãos.

Uma mulher que busca de forma ativa instrução, direção e sabedoria, *e* está aberta a conselhos, correção e repreensão, demonstra que verdadeiramente deseja aprender. Como eu já disse anteriormente [e vale a pena repetir]... Infelizmente, não existe meio fácil de aprender. O livro de Provérbios diz que aquele que recebe conselhos é "sábio" (12:15), mas quem rejeita a instrução de outras pessoas é "estúpido" (12:1), ou "insensato" (12:15). É muito melhor querer aprender, crescer espiritualmente, ser uma mulher piedosa! É preferível fazer uma contribuição positiva para a vida dos outros — ser uma mestra do bem (Tito 2:3)! Se você deseja ser esse tipo de mulher, então esteja pronta e disposta a contabilizar o custo e pagar o preço.

Diz-se que qualquer pessoa pode se tornar um expert em qualquer assunto se estiver disposta a gastar quinze minutos por dia estudando por cinco anos seguidos. [Você está disposta a aceitar esse desafio?].

13 FALANDO A VERDADE

Palavras

> Do fruto da boca o homem comerá o bem,
> mas o desejo dos pérfidos é a violência.
> O que guarda a boca conserva a sua alma, mas
> o que muito abre os lábios a si mesmo se arruína.
>
> PROVÉRBIOS 13:2,3

uma oração

> Ó Senhor onipotente, hoje venho diante do teu trono de santidade pedir que me ajudes com a minha língua. Sinto vergonha por saber que cada palavra descuidada, impensada e nociva que já falei foi ouvida e percebida por ti. Mas louvado seja o teu Filho Santo, porque em Jesus tenho perdão. Meu propósito para hoje é colocar uma guarda sobre a minha boca para que nenhuma palavra prejudicial proceda dela. Que o meu falar seja de louvor a ti e que seja verdadeiro, para edificação e encorajamento dos outros. Amém.

A boca e o modo de falar são um tema extremamente comum em Provérbios! É isso que se esperaria de um livro da Bíblia que aponta e exalta a sabedoria, não é mesmo? Talvez seja porque o nosso modo de falar é um problema contínuo tão gigantesco e repugnante!

O capítulo 13 de Provérbios abre com os versículos 2 e 3, dois versículos que tratam da boca. Muitos outros textos bíblicos sobre o que proferimos estão salpicados ao longo de Provérbios e são um lembrete constante de como devemos andar, o que devemos e não devemos falar, e quando nos expressar. A esta altura, você já sabe que o livro de Provérbios é extremamente prático. Ele aborda quase todos os problemas que você um dia poderá ter, incluindo as palavras que saem da sua boca! Assim como o livro de Provérbios, este cântico simples que as crianças cantam na Escola Bíblica Dominical tem uma mensagem poderosa:

> Cuidado, boquinha, com o que fala,
> porque Papai do céu
> está olhando pra você,
> cuidado, boquinha, com o que fala.

A nossa boca é um elemento essencial — e um desafio — na nossa vida diária. As nossas palavras revelam o que somos e em que estamos pensando. Se o que sai da nossa boca é importante a esse ponto, então adquirir maior conhecimento dos provérbios que abordam essa marca fundamental de sabedoria pode muito nos ajudar. Em Provérbios, Deus nos dá as suas instruções para lidarmos com essa área problemática grave que é a língua. Ele até nos diz o tipo de palavras que deveríamos escolher usar ou não e nos dá uma quantidade generosa de conselhos para esse desafio diário. Você e eu obtemos auxílio e esperança, porque as instruções de Provérbios nos mostram como conquistar vitória sobre a boca.

Ao trabalhar de forma meticulosa com os provérbios neste capítulo e os provérbios adicionais que tratam da boca e da fala, você observará os efeitos positivos do discurso correto. Você também notará que os tipos errados de conversa produzem resultados ruins ou negativos. Lembre-se sempre de que as suas palavras têm um grande peso. Elas sempre produzirão algum efeito — seja para o bem, seja para o mal.

Três verdades sobre as palavras

Os efeitos do discurso correto. "Do fruto da boca o homem comerá o bem, mas o desejo dos pérfidos é a violência" (Provérbios 13:2). A grande maioria das referências sobre "frutos" na Bíblia os descreve como resultado de alguma atividade. Aqui nesse provérbio, vemos que o falar sensato de uma pessoa produzirá bons resultados e bons frutos. Essa mesma ideia é vista em dois outros provérbios: "Cada um se farta de bem pelo fruto da sua boca" (12:14) e "Do fruto da boca o coração se farta, do que produzem os lábios se satisfaz" (18:20). Agora que sabe mais sobre os efeitos positivos do discurso correto, como você poderia ser mais sensível na escolha das suas palavras? Em Provérbios 10:11, temos a resposta: "A boca do justo é manancial de vida". É óbvio que um coração e uma vida íntegros produzirão um discurso correto. Certifique-se de que o seu coração seja correto para ser uma mulher que profere o que é certo.

As consequências de não guardar a boca. "O que guarda a boca conserva a sua alma, mas o que muito abre os lábios a si mesmo se arruína" (Provérbios 13:3). As nossas palavras podem nos colocar em muito mais apuros do que os nossos atos. Por exemplo, pense na última vez em que comprou alguma coisa a um preço muito alto por ter dito sim cedo demais. Ou considere a credibilidade que você perdeu, porque deixou escapar algo e traiu a confiança de alguém.

É evidente que quem é desprovido de autocontrole no que diz respeito à boca se mete em grandes complicações. A lição desse provérbio é: Tenha cuidado com o que fala... pois essa será justamente a sua queda, a sua ruína. Ou, como Benjamin Franklin coloca: "Melhor escorregar com a comida do que com a língua".[1] No Novo Testamento, o livro de Tiago é mencionado como "livro de sabedoria". Eis alguns fatos sobre a língua que deveriam servir como alerta para todas as mulheres para guardarem a boca. Tiago descreve a natureza da língua no capítulo 3, versículo 6. A língua:

> É fogo;
> é mundo de iniquidade;
> contamina o corpo inteiro,
>   e não só põe em chamas toda a carreira da existência humana,
>   como também
> é posta ela mesma em chamas pelo inferno.

Nas palavras de João Calvino, "Esta porção esguia de carne contém um mundo de iniquidade".

Infelizmente, somos mestres em criar desculpas para o uso irrestrito da língua. Dizemos:

> "Alguém tinha que dizer umas verdades para ele."
> "Foi bom tirar isso do meu peito."
> "Com certeza ela entendeu a minha frustração."
> "Talvez o que eu disse seja bom para ele."
> "Estou me sentindo melhor por ter contado."[2]

---

[1] Franklin, Benjamin. *Poor Richard's Almanac*, vol. 1, "Lists to Live By", p. 322.
[2] Barton, Bruce B.; Veerman, Davis R.; Wilson, Neil. *Life Application Bible Commentary — Tiago*. Wheaton, IL: Tyndale House Publishers, Inc., 1992, p. 80,81.

Existe algo que podemos fazer quanto ao que falamos. "Em vez de criar desculpas para expressar o nosso ponto de vista com veemência, podemos exercitar o comedimento e permitir que a paz e a sabedoria de Deus dirijam o que vamos dizer."[3]

Os benefícios do discurso verdadeiro. "O lábio veraz permanece para sempre, mas a língua mentirosa, apenas um momento" (Provérbios 12:19). A verdade é algo incrível e maravilhoso: você nunca terá que se lembrar do que disse se sempre falar a verdade. Ainda assim, todos são tentados a mentir, embora a mentira seja tão maligna e grave a ponto de ser contabilizada como uma das "sete coisas" que Deus odeia. Na verdade, Deus considera a mentira uma "abominação".[4] A percepção da gravidade da mentira deveria fazer que toda mulher repensasse sobre falar a verdade em vez da mentira, até sobre contar "meias verdades", que na realidade são mentiras.

Essa informação espantosa também deveria fazer que todo pai e mãe abraçassem a necessidade e a responsabilidade de treinar seriamente os filhos a dizerem a verdade. Acredite, essa é uma tarefa diária e exaustivamente difícil! Mas será de grande benefício e bênção para os seus filhos! Lançar o alicerce de sempre falar a verdade pode salvar os seus filhos de muito sofrimento ao longo da vida deles. Outra coisa, quando incute o hábito de falar a verdade, você está cumprindo um dos mandamentos de Deus aos pais — ensinar a Palavra e os caminhos do Senhor com "diligência" aos seus filhos (consulte Deuteronômio 6:6,7).

três palavras ao sábio

Falar demais leva ao pecado. "No muito falar não falta transgressão, mas o que modera os lábios é prudente" (Provérbios 10:19). É lógico que, quanto mais você fala, maior a probabilidade de dizer algo equivocado, maldoso, maléfico ou desagradável. Outra tradução

---

[3] Ibidem.
[4] Consulte Provérbios 6:16-19.

afirma: "Na multidão de palavras não falta pecado" (ACF). O falar compulsivo acaba levando a exageros, quebra de confidências e afirmações insensatas — o que na Bíblia, em sua maioria, é rotulado como comportamento pecaminoso.

Isso faz que o padrão de discurso oposto seja a marca da sabedoria: "O que modera os lábios é prudente" (Provérbios 10:19). Ou, como outra tradução diz: "Onde há muita conversa, o pecado não terá fim; mas quem cala a sua boca, age com sabedoria".[5] Quando exercita o autocontrole no seu modo de falar, você está vivendo e sendo vista como mulher sábia. Você também se poupa de embaraços, pedidos de desculpa e da necessidade de pedir perdão a Deus e àqueles a quem as suas palavras prejudicaram ou arrasaram. Quando se trata da fala, nunca se esqueça de que "as palavras são tão poderosas que, às vezes, o silêncio é a ação mais sábia".[6] Melhor prevenir do que remediar. Tenha isto como lema e guia para a sabedoria: Menos é excelente!

As palavras podem matar ou curar. "Alguém há cuja tagarelice é como pontas de espada, mas a língua dos sábios é medicina" (Provérbios 12:18). É evidente que as nossas palavras podem ser usadas para ferir ou curar os outros. Já sabemos disso por experiência — de ter magoado alguém com as nossas palavras ásperas, iradas, destrutivas ou difamatórias. Infelizmente, ouvi uma história trágica de uma mãe cujo filho cometeu suicídio. Ela compartilhou no funeral do filho que falsos rumores sobre ele foram o que o motivou a tirar a própria vida.

Damos graças a Deus porque também somos capazes de proferir palavras que curam — palavras suaves, consoladoras, encorajadoras, de amor, apreciação, conselho e oração.

Palavras cruéis podem cortar — e obviamente matar — tão profundamente quanto o golpe de uma espada ou uma queimadura feita pelo fogo. Tiago ecoou essa mesma verdade quando escreveu: "A língua está situada entre os membros de nosso corpo, e contamina

---

[5] VAUGHAN, Curtis. *The Word — the Bible from 26 Translations*, citando *The New Testament in Basic English*. Gulfport, MS: Mathis Publishers, Inc., 1991, p. 1182.
[6] *Handbook of Life Application*, p. 655, Tiago 3:5.

o corpo inteiro, e não só põe em chamas toda a carreira da existência humana, como também é posta ela mesma em chamas pelo inferno" (Tiago 3:6). Enquanto pesquisava sobre esse assunto em Provérbios, marquei este poema anônimo intitulado "Pecados da língua":

> Apenas uma palavra de ira,
> Mas um sensível coração acabou por magoar;
> Apenas uma palavra afiada de censura,
> Mas fez a lágrima rolar;
> Apenas uma palavra apressada e cruel,
> Sarcástica e impensada,
> Mas fez anoitecer o dia antes tão claro
> E deixou para trás uma ferroada.[7]

Estou certa de que você consegue se identificar com a dor na alma por trás dessas palavras — só sei que eu chorei na primeira vez em que li isso. Existem lições inegáveis a serem aprendidas com essa poesia! Mas, novamente, é uma grande alegria que a língua também tenha a oportunidade de trazer saúde e cura, não é mesmo? É como outros dois provérbios nos instruem: "A língua serena é árvore de vida" (15:4) e "A resposta branda desvia o furor" (15:1). Deparei com estas palavras que podem servir como lista de verificação para o seu modo de falar:

> Observe os seus comentários sobre as situações. Eles são continuamente negativos? Ou você busca e fala sobre o que é positivo? Monitore o que você fala e escolha de forma deliberada usar palavras positivas. Uma atitude positiva cria mais aspectos positivos. Peça para Deus ajudá-la a guardar a sua língua. Ele lhe ensinará como proferir palavras de sabedoria em honestidade, amor e bondade.[8]

---

[7] DEHAAN, M. R.; BOSCH, Henry G. *Our Daily Bread*. Grand Rapids, MI: Zondervan Publishing House, 1982, 20 de janeiro. (Tradução livre.)
[8] PAULL, Candi. *Checklist for Life for Women*, capítulo intitulado *Watch Your Mouth*. Nashville, TN: Thomas Nelson Publishers, 2002, p. 305.

Você e eu sempre temos uma escolha quando abrimos a nossa boca: podemos escolher palavras que prejudicam ou palavras que curam. Lembre-se: Você ainda não tomou as rédeas do autocontrole se ainda não dominou o que diz ou deixa de dizer.

Enquanto escrevia o parágrafo acima, eu não conseguia parar de pensar em chocolate! Sendo mais específica, eu estava pensando em uma caixa cheia de chocolate. Se for como eu (e for felizarda o suficiente para ganhar uma caixa de chocolate!), você examina essa caixa de iguarias deliciosas e, bem devagar, com todo o cuidado, seleciona qual vai comer. Já sabemos que todos eles são doces e deliciosos, um verdadeiro deleite! Então de forma muito cuidadosa tomamos o tempo necessário para escolher um, só um — aquele — que será o mais satisfatório.

Determinemos, como mulheres segundo o coração de Deus, que antes de tudo buscaremos proferir somente palavras que sejam "chocolate" para outra pessoa — palavras que sejam boas, doces, especiais, que deem ânimo. Palavras que sejam reconfortantes e sábias, que ministrem à pessoa e à sua necessidade individual. Ao conversar com outras mulheres com quem você se deparar, dê ouvidos ao coração delas enquanto compartilham. Perceba as necessidades delas. Então considere todas as coisas boas que você poderia dizer e escolha a que for perfeita para abençoá-las.

A sabedoria transmite conhecimento quando fala. "A língua dos sábios adorna o conhecimento, mas a boca dos insensatos derrama a estultícia" (Provérbios 15:2). Outros provérbios descrevem o tolo que fala mesmo quando não tem nada a dizer (consulte Provérbios 12:23 e 13:16). A mulher sábia, por outro lado, pode falar com menor frequência, mas, quando abre a boca, ela tem algo que vale a pena ser dito. A língua dela profere palavras que são aceitáveis e adequadas — e carregam a marca da sabedoria.

Muitas mulheres têm dificuldade de ficar com a boca fechada. Por alguma razão, sentimo-nos compelidas a oferecer a nossa opinião ou dar um pequeno conselho pessoal sobre praticamente qualquer assunto... ou para garantir que tenhamos a última palavra! Conhecemos mulheres — e já fomos "esse tipo" — que são "espertinhas", tagarelas, sabichonas, humoristas, que sempre têm a última palavra. Então qual a solução que Deus dá para a nossa tendência de falar demais?

Como diz a maior parte dos provérbios que falam sobre a boca, devemos resistir a essas tentações e nos forçar a ouvir... em vez de falar. Palavras efusivas de insensatez só nos fazem parecer mais tolas. Que tal decidir ouvir os outros? Não perca a contribuição em potencial que ouvir os outros nos traz, o que por sua vez nos torna mais sábias. Esta é a mensagem de Provérbios 9:9: "Dá instrução ao sábio, e ele se fará mais sábio ainda".

Sabedoria de Deus para o seu dia

Você mudaria o seu jeito de viver se soubesse que cada uma das suas palavras e cada um dos seus pensamentos seriam examinados por Deus? Davi pediu a Deus que aprovasse as palavras e os pensamentos dele como se fossem ofertas trazidas ao altar do Senhor. Ele encerrou essa reflexão no Salmo 19 com uma oração para que Deus se agradasse das palavras dele. Ao iniciar este dia — e todos os outros —, lembre-se de pedir para Deus guiar o que você diz e o que você pensa. Davi orou:

> As palavras dos meus lábios e o meditar do meu coração sejam agradáveis na tua presença, Senhor, rocha minha e redentor meu!
>
> Salmos 19:14

14 Andando em obediência

Fidelidade

> No temor do Senhor, tem o homem forte amparo,
> e isso é refúgio para os seus filhos.
>
> PROVÉRBIOS 14:26

uma oração

Querido Deus de compaixão, as tuas misericórdias me trouxeram ao amanhecer de um novo dia. Por meio da tua graça, mobiliza a minha vontade para responder à tua sabedoria, pois a força para obedecer não está em mim, mas somente no teu amor oferecido de forma gratuita, o qual me capacita a te servir. Que este seja um dia em que, em temor santo, eu progrida no sentido de maior obediência à tua vontade perfeita. Amém.

Para quem cresce em Oklahoma, os tornados e o seu poder destrutivo são uma ameaça constante e eminente. Toda vez que uma tempestade cobria as planícies, eu e a minha família ficávamos fora de casa e observávamos o céu com interesse e atenção — e total admiração. Ficávamos com medo? Não... bem, talvez um pouco... desde que a tempestade estivesse distante! Mas a melhor descrição para o que sentíamos era respeito. Sabíamos que aquelas tempestades eram capazes de produzir uma grande devastação, até morte. Por respeito ao seu potencial de destruição, a nossa família tinha um plano de sobrevivência, que praticávamos e seguíamos sinal de tornado.

A nossa preocupação ou possivelmente medo era por respeito pelo poder daqueles distúrbios violentos da natureza. É possível que os índios nativos americanos que viveram tempos antes nessa mesma área de Oklahoma tenham adorado tais tempestades, considerando o seu poder como algo fantástico e divino.

Na passagem de Provérbios 14, lemos mais uma vez a expressão "temor do Senhor" (Provérbios 14:2,26,27). Essa expressão apareceu pela primeira vez em Provérbios 1:7, quando a questão do conhecimento e sabedoria foi introduzida — "O temor do Senhor é o princípio do saber". Ela já apareceu várias vezes e, quando você tiver terminado de ler o livro de Provérbios, terá aparecido mais de quinze vezes.[1] Essa quantidade de repetição e ênfase no temor do Senhor é um alerta vermelho para nós quanto à magnitude da sua importância.

---

[1] Consulte Provérbios 1:7,29; 2:5; 8:13; 9:10; 10:27; 14:2,26,27; 15:16,33; 16:6; 19:23; 22:4; 23:17.

compreendendo o temor do Senhor

Como a expressão "o temor do Senhor" é usada três vezes nesse capítulo de Provérbios, vamos tentar obter uma compreensão melhor do que ela significa. O temor que eu tinha e ainda tenho do tipo de tempestade que ocorre em Oklahoma não é de histeria, pânico descontrolado, mas de enorme respeito. Entendo o potencial de destruição total a qualquer pessoa e propriedade que estiver na trajetória de tamanha tempestade. Demonstro respeito ou consideração pela tempestade tomando precauções quando ela está emergindo no horizonte.

É dessa mesma forma que abordo a expressão "o temor do Senhor". Por causa de quem Deus é e do seu grande poder sobre todas as coisas, eu o honro, demonstro reverência e o respeito sendo obediente à vontade dele. Fico impressionada e admirada com Deus. Esse tipo de reverência ou temor reverente deveria ser a influência que controla a minha vida e a sua também. Quando é assim e quando honramos a Deus, a nossa vida é abençoada e adquire uma porção de qualidades, tais como:

Aquele que teme ao Senhor tem integridade. "O que anda na retidão teme ao SENHOR, mas o que anda em caminhos tortuosos, esse o despreza" (Provérbios 14:2). Andar em "retidão" ou integridade é uma demonstração externa do que significa "temer" ou honrar a Deus no coração e nas escolhas diárias da vida. Seguir o caminho oposto ao da retidão — o caminho duvidoso, perverso ou tortuoso — é uma demonstração externa do que significa desprezar, desonrar e desrespeitar ao Senhor. Ninguém pode dizer que honra, respeita e adora a Deus se anda em desobediência — se é desprovido de integridade. Jesus sintetizou isso desta forma: "Se me amais, guardareis os meus mandamentos" (João 14:15).

Aquele que teme ao Senhor tem segurança. "No temor do SENHOR, tem o homem forte amparo, e isso é refúgio para os seus filhos" (Provérbios 14:26). Perceba onde a segurança é colocada:

"no temor do SENHOR". Esse tipo de segurança deveria sempre fazer parte da nossa vida. Mas, quando somos desobedientes aos caminhos do Senhor — quando deixamos de temer, reverenciar, respeitar, obedecer e seguir a Deus —, as dúvidas e o medo avançam e a nossa segurança no relacionamento com Deus e posição na sua família é abalada, enfraquecida e desmorona.

Foi exatamente isso o que aconteceu no Éden. Adão e Eva andavam com Deus, conversavam com ele e desfrutavam de uma comunhão perfeita com ele... até que decidiram desobedecer-lhe. De repente, eles perceberam que estavam nus. Eles nunca tinham evitado o Senhor antes disso, mas agora procuravam um bom lugar onde se esconder!

Depois de desobedecerem de forma intencional a Deus no jardim, imediatamente surgiram desconfiança e hesitação em Adão e Eva. A comunhão deles com Deus foi quebrada. Em vez de andarem no frescor do jardim *com* Deus, eles se esconderam dele. Quando confrontado pelo Senhor, Adão confessou: "Ouvi a tua voz no jardim [...], tive medo, e me escondi" (Gênesis 3:10).

Quando tem as suas prioridades em ordem, quando o seu coração está focado em obedecer e agradar a Deus, e quando está andando pelo Espírito, você não foge de Deus. Não, você aprecia o Senhor e se agarra a ele — seguro, a salvo e amado por ele. Você experimenta a paz de Deus no seu coração. É como Provérbios 18:10 diz: "Torre forte é o nome do SENHOR, à qual o justo se acolhe e está seguro". Um pregador resumiu o temor do Senhor nestas palavras: "O homem que teme a Deus enfrenta a vida sem temor. O homem que não teme a Deus acaba temendo tudo".[2]

Espero que você tenha assimilado a segunda parte — as palavras finais — do nosso versículo-base: "No temor do SENHOR, tem o homem forte amparo, E ISSO É REFÚGIO PARA OS SEUS FILHOS" (Provérbios 14:26).

---

[2] WELLS JR., Albert M. *Inspiring Quotations — Contemporary & Classical*, citando Richard Halverson. Nashville, TN: Thomas Nelson Publishers, 1988, p. 73.

Todos são abençoados se tiverem um lugar de refúgio quando a vida ficar ameaçadora. Além de ter o Senhor como seu refúgio, ao voltar-se para o Deus todo-poderoso com fidelidade, orar a ele e depender dele, você está demonstrando aos seus filhos como lidar com o medo e o estresse. Como você bem sabe, o comportamento dos pais sempre afeta a condição dos filhos. Os seus filhos são extremamente abençoados quando você exibe uma forte segurança no Senhor e paz de espírito.

É natural que, como pais, desejemos fazer coisas pelos nossos filhos. Pense só em todas as coisas que tentamos fazer pelas nossas crianças, todas as coisas que damos a elas e tudo o que desejamos que elas tenham. Na verdade, a melhor coisa que podemos fazer pelos nossos filhos, dar a eles e desejar para eles é ensinar e mostrar o "temor do Senhor" por meio da nossa vida diária. Assim, eles também saberão recorrer sempre a Deus como refúgio em tempos de tribulação.

Aquele que teme ao Senhor está no caminho da sabedoria. "O temor do SENHOR é a instrução da sabedoria, e a humildade precede a honra" (Provérbios 15:33). Esse provérbio deixa claro que "o temor do Senhor não é meramente a porta à sabedoria, mas o caminho inteiro para ela".[3] Ter um estilo de vida e uma atitude de temor ao Senhor se torna o meio pelo qual Deus nos treina nos seus caminhos — os caminhos da sabedoria. Aqui está uma pequena lista de coisas boas que vêm de temer ao Senhor:

- Temer ao Senhor direciona o nosso uso da sabedoria.
- Temer ao Senhor nos faz lembrar que o discernimento e o conhecimento são presentes a serem usados para benefício dos outros.
- Temer ao Senhor não permite que jamais esqueçamos quem é Deus e que não somos Deus.

---

[3] KIDNER, Derek. *Provérbios, introdução e comentário*, p. 113.

- Temer ao Senhor promove o tipo certo de humildade.

As mais finas honras que recebemos na vida são desperdiçadas se não forem precedidas pela humildade e se não procederam do uso da sabedoria para fazer diferença na vida de outras pessoas.[4]

Aquele que teme ao Senhor pensa como Deus. "O temor do SENHOR consiste em aborrecer o mal; a soberba, a arrogância, o mau caminho e a boca perversa, eu os aborreço" (Provérbios 8:13). Ao longo do livro de Provérbios, os pensamentos e atos da sabedoria são paralelos ao pensamento segundo Deus. Aqui em Provérbios 8:13, Deus está dizendo que quem o segue — aquele que teme ao Senhor — odiará o mal, exatamente como ele odeia atitudes e pecados como orgulho e arrogância, a boca perversa e o caminho mau. Para temer ao Senhor e pensar como ele, precisamos perguntar a nós mesmas: "Eu odeio o mal como Deus odeia, ou me tornei insensível e estou aceitando os males da sociedade como parte da vida diária?" O nosso objetivo como seguidoras de Deus é pensar e agir como ele. E isso envolve o temor do Senhor. "O temor do Senhor é um estado mental em que as atitudes, desejos, sentimentos, ações e objetivos de uma pessoa são substituídos pelos de Deus."[5]

Sabedoria de Deus para o seu dia

Sendo mulher, luto contra o medo diariamente. A oração e as promessas de Deus são o meu pão diário! Quem não teme a criminalidade? Jim e eu já passamos por duas invasões a nossa casa e dois roubos, de modo que a segurança da nossa residência é um assunto constante em nossas orações para confiarmos em Deus em vez de temermos o que o homem pode fazer contra nós (Salmos 56:4). Quem não tem medo de prejuízo ou

---

[4] WILSON, Neil S. *The one Year Book of Proverbs*, 15 de dezembro.
[5] MACARTHUR, John. *Bíblia de estudo MacArthur*, p. 796.

sofrimento para si e para os seus entes queridos? Sim, nós já recebemos a temida ligação: "Pai, eu bati o carro". Também já superamos o câncer de uma das nossas filhas, questões físicas e de saúde graves com vários netos.

Assim como você, para esses temores e todos os outros, nós temos o nosso Pai amoroso a quem recorrer e em quem encontrar abrigo à sombra do Onipotente. Ele é a nossa torre forte! A nossa força. O nosso refúgio. Ele está em constante vigilância sobre nós que somos os seus filhos. Louve sempre ao Senhor pela sua constante proteção. Confie a cada dia que ele dará a sua provisão e direção amorosa. Volte-se para ele ao primeiro palpitar de medo do seu coração. Descanse nele. Ame-o com todo o seu coração, com toda a sua alma, com toda a sua mente e força.

"Tema" ao Senhor. A palavra "temor", quando aplicada a Deus é uma atitude positiva com relação a ele. Poderíamos chamar essa atitude de "consciência de Deus". Esse "temor do Senhor" significa que reconhecemos a soberania de Deus e estamos cientes da presença dele em cada área da nossa vida. Não existe parte alguma da nossa vida que esteja fora dos limites, que seja negligenciada ou ignorada por Deus. Temer ao Senhor significa que buscamos obedecer-lhe em todas as coisas e responder a ele com a nossa obediência sincera.

O livro de Provérbios diz várias vezes, em diversos versículos e de inúmeras formas que, quando tiver uma atitude de compromisso total com Deus, você experimentará as muitas e ricas bênçãos de Deus. E essas bênçãos não serão apenas para você. A sua família receberá a primeira manifestação do seu coração e do seu estilo de vida focados em Deus. É como o versículo deste capítulo observa: "No temor do SENHOR, tem o homem forte amparo, e isso é refúgio para os seus filhos" (Provérbios 14:26). Deus é o seu refúgio, ele é o refúgio da sua família e sempre será. Uma tradução diz assim: "No temor do SENHOR há firme confiança; e os seus filhos terão um lugar de refúgio".

Quando teme a Deus, você é abençoada para ser uma bênção para os outros. Qualquer um que se aproximar de você — começando em especial com a sua família — também será abençoado. Você tem uma força poderosa que pode conceder aos outros em meio a qualquer ameaça, tempestade — ou tornado! —, sofrimento ou tristeza. Dê esse presente que é a força, de forma gratuita e diária.

Hoje, ponha de lado o seu "eu", estenda as mãos e abençoe outras pessoas. Compartilhe com elas o conhecimento da bênção de Deus de amor e redenção por meio de Jesus Cristo. Ore para que os seus entes queridos e outros com quem você vier a compartilhar também venham a amar e temer ao Senhor — a possuir forte segurança e ter refúgio em Deus, que é um socorro bem presente no momento de necessidade.

> Deus é o nosso refúgio e fortaleza,
> socorro bem presente nas tribulações (Salmos 46:1).

15 Desfrutando dos benefícios da sabedoria

Escolhas

> A resposta branda desvia o furor,
> mas a palavra dura suscita a ira.
> A língua dos sábios adorna o conhecimento,
> mas a boca dos insensatos derrama a estultícia.
>
> PROVÉRBIOS 15:1,2

Uma oração

Ó Deus de toda sabedoria, sabendo que tu fizeste bem todas as coisas e que a tua obra em meu benefício é perfeita, ajuda-me a iniciar este novo dia buscando a tua vontade perfeita para cada decisão e escolha que eu tiver de fazer. Que hoje o meu prazer seja fazer a tua vontade, minha rocha e minha salvação. Amém.

Antes de existir a ciência de análise de perfil para avaliar os hábitos, princípios e perspectivas de uma pessoa, o livro de Provérbios já continha listas e rótulos para certos tipos de pessoas ou personalidades. Até esse ponto de Provérbios, deparamos com os perfis da pessoa tola e da pessoa sábia. Percebemos as marcas daquele que é mau em comparação com o justo. Vimos o que Deus tem a dizer sobre aquele que é uma lesma preguiçosa e o que é diligente. Também observamos quem mente em contraste com quem valoriza a verdade.

Todos temos o nosso perfil pessoal único. Minha esperança é que, ao entrarmos em Provérbios 15, você seja abençoada e desafiada pelo perfil das qualidades de caráter que fazem parte da composição de uma mulher de sabedoria que faz escolhas sábias.

A vida é cheia de escolhas

Estou extremamente entusiasmada com o capítulo 15 de Provérbios, porque ele é valioso demais para a mulher que anseia ser sábia e viver de maneira que glorifique a Deus. Assim como em outros provérbios "contrastantes" (Provérbios 10—14), é impossível deixar de notar os contrastes profundos no comportamento da mulher ou pessoa sábia e da mulher ou pessoa insensata.

Aqui vai uma pequena ressalva ao considerarmos o estudo da sabedoria e da insensatez. Eu hesito até em escrever sobre o insensato e o comportamento tolo, porque definitivamente já estive nessa posição e agi dessa forma! De certo modo, para mim — e talvez para a maioria das mulheres — isso é como olhar no espelho. Embora possa ser doloroso, vamos unir nossas forças e fazer isso juntas. Minha esperança e oração é que, quando tivermos terminado, seja mais provável que nós duas ajamos com mais sabedoria na próxima oportunidade, que com toda a certeza chegará mais cedo do que esperamos!

Para a sua informação, a palavra "sábio" ocorre 64 vezes em Provérbios, enquanto "insensato" aparece 76 vezes. "Insensatez" é usada 18 vezes e "sabedoria", 49 vezes. Em muitos desses versículos, existe um contraste entre o sábio e o insensato. Para mim, foi impossível deixar de enxergar esses contrastes ao ler Provérbios 15 no meu calendário de leitura mensal. O exame desse capítulo e de alguns provérbios do capítulo 14 revela mais coisas sobre as escolhas sábias em comparação com as escolhas insensatas. Tenha em mente como é o seu perfil pessoal hoje — e descubra meios de melhorá-lo para ser mais parecido com o perfil que Deus tem de uma mulher sábia.

As palavras de uma mulher sábia têm efeito positivo. "A resposta branda desvia o furor, mas a palavra dura suscita a ira. A língua dos sábios adorna o conhecimento, mas a boca dos insensatos derrama a estultícia" (Provérbios 15:1,2). Esses dois versículos são conselhos tremendos para nós.

Em primeiro lugar, aprendemos que, ao escolher o domínio próprio e um modo gentil, podemos transformar um oponente em defensor (v. 1). Quando alguém está irritado, furioso ou quer discutir, essa é a nossa deixa para usar ou responder com palavras que são o oposto. Esse é um sinal para escolhermos e selecionarmos com cuidado palavras que sejam suaves, gentis, agradáveis e moderadas.

Igual à água jogada no fogo, as suas palavras doces faladas com suavidade refrescam e acalmam a alma de outra pessoa. Elas silenciam as emoções da pessoa que está fora de controle. Imagino na minha mente um bebê ou uma criança pequena agitada, irritada, que está confusa, inflexível, contorcendo-se e gritando — que está tendo um chilique. Então vem a mãe, falando com doçura, sussurrando e acalmando o bebê enquanto o enrola em um cobertor, acarinhando-o e acalentando-o até ele voltar a um estado de tranquilidade.

Imagine o ministério da sua "resposta branda" em uma situação desagradável, diante da ira. Domine a graça de uma resposta mansa quando estiver lidando com as emoções de alguém; comece com o seu marido e os seus filhos em casa. É como lemos em outra tradução: "Uma resposta branda é uma discussão evitada".[1]

O nosso provérbio também mostra que reações e resultados negativos são sempre uma possibilidade. Se, em vez de responder com brandura e gentileza, você reagir com uma palavra áspera, inflamada e ácida, pode criar um inimigo feroz.

Vemos um conselho semelhante no versículo 18: "O homem iracundo suscita contendas, mas o longânimo apazígua a luta". A escolha — e normalmente o desfecho — depende de você. Você vai falar e agir como um esquentadinho ou como um conciliador? A pessoa esquentadinha se torna o centro de uma tempestade, enquanto a conciliadora leva consigo uma atmosfera na qual as contendas morrem de modo natural.[2]

A mulher sábia edifica. "A mulher sábia edifica a sua casa, mas a insensata, com as próprias mãos, a derruba" (Provérbios 14:1). Neste capítulo, estamos nos focando nos benefícios da sabedoria, e aqui vemos mais uma escolha que você e eu precisamos fazer. A escolha é basicamente: "Eu quero edificar ou destruir o meu lar?"

Esse versículo não se refere à construção de uma casa literal, mas à edificação do lar. Ele fala que a mulher sábia gasta o tempo necessário para criar um lugar feliz e confortável para a sua família viver e outras pessoas desfrutarem. A imagem máxima dos esforços dessa mulher que "edifica a sua casa" se encontra em Provérbios 31:10-31.

A mulher insensata, no entanto, derruba "com as próprias mãos" qualquer vida familiar que ela tenha. Infelizmente, as nossas palavras, a nossa negligência, preguiça, ira e falta de domínio próprio

---

[1] VAUGHAN, Curtis. *The word — The Bible from 26 Translations*, citando a tradução Knox. Gulfport, MS: Mathis Publishers, Inc., 1991, p. 1198.
[2] KIDNER, Derek. *Provérbios, introdução e comentário*, p. 111.

podem, dia a dia e pouco a pouco, derrubar e destruir o lar e a família. Tenha isto como seu objetivo na vida doméstica: "Atende ao bom andamento da sua casa" (Provérbios 31:27).

A linguagem da mulher sábia não é inflamada. "Está na boca do insensato a vara para a sua própria soberba, mas os lábios do prudente o preservarão" (Provérbios 14:3). Esse versículo poderia ser traduzido assim: "As palavras podem voltar ao poleiro". Com que frequência você disse algo e, assim que falou, já sabia que aquilo voltaria para assombrá-la? E, com toda a certeza, essas mesmas palavras a meteram em uma série de apuros e sofrimento! Mas a mulher sábia que guarda o seu coração e os seus lábios se esforça ao máximo para não dizer coisas que possam mais tarde retornar de forma negativa. Qual a solução? Não diga nada que você não gostaria que Deus ouvisse e não fale nada que magoaria outra pessoa.

A mulher sábia escolhe as suas companhias. "Foge da presença do homem insensato, porque nele não divisarás lábios de conhecimento" (Provérbios 14:7). É provável que você já tenha ouvido o ditado: "Dize-me com quem andas e te direi quem és". O autor desse ditado está afirmando que, se você escolher sair e gastar tempo com pessoas insensatas, o seu comportamento começará a espelhar a insensatez delas. Logo você se tornará tão insensata quanto elas e acabará fazendo tolices — transformando-se em uma pessoa insensata! A solução para isso? Fique longe de gente insensata! Não tenha nada a ver com elas. Fuja delas depressa — o mais rápido possível! É como esse provérbio brada: "Foge da presença do homem insensato".

A mulher sábia é cautelosa. "A sabedoria do prudente é entender o seu próprio caminho, mas a estultícia dos insensatos é enganadora" (Provérbios 14:8). Aqui, a palavra "prudente" descreve a mulher sensata que sabe o que deve fazer e como se comportar. Ela considera os seus atos. Ela é [cautelosa] "e desvia-se do mal" (v. 16). A mulher insensata, no entanto, não pensa antes, porque está convencida de que já sabe de tudo. Ela deixa de averiguar o que Deus tem a dizer sobre a sua situação e deixa de buscar conselhos com outras pessoas. Como mulher que tem de transpor com dificuldade questões e decisões complicadas todos os dias, você precisa depender da sabedoria dada por Deus para saber qual a melhor forma de proceder em cada circunstância e em todo conflito.

A mulher sábia não é arrogante. "No coração do prudente, repousa a sabedoria, mas o que há no interior dos insensatos vem a lume" (Provérbios 14:33). A mulher sábia não desfila o seu conhecimento. Ela não precisa disso! Ela tem segurança no seu relacionamento com Deus e consolo no que sabe da Palavra do Senhor e como ele quer que ela viva. A sabedoria repousa com tranquilidade dentro do seu coração e da sua alma, e ela não tem necessidade de se gabar na frente dos outros sobre o que sabe. A mulher insensata, no entanto, ama desfilar o pouco que sabe diante dos outros. É o ato de se gabar que a revela como insensata. É como outro provérbio diz: "Até o estulto, quando se cala, é tido por sábio, e o que cerra os lábios, por sábio" (Provérbios 17:28). Mantenho esse versículo colado no espelho do meu banheiro como lembrete para pensar antes de falar! Sim, é verdade! É melhor que pensem que você é tola do que abrir a boca e não deixar dúvida.

Sabedoria de Deus para o seu dia

Este exame sobre a importância das escolhas foi recheado e completo — e desafiador! É como Provérbios 14:8 declara, a mulher sensata busca "entender o seu próprio caminho". Façamos isso neste momento.

Qual é o padrão da sua vida? Como é o seu perfil hoje? A sua vida, os seus atos e as suas escolhas caracterizam você como mulher sábia? Se não, então você tem um trabalho recompensador a fazer — o melhor tipo de trabalho. Você pode se empenhar em se submeter ao poder transformador do Espírito Santo. Você pode se dedicar a orar e buscar viver à maneira de Deus. Você pode lutar para fazer as boas, melhores e ótimas escolhas — escolhas piedosas.

As recompensas de se tornar uma mulher sábia são muitas e espetaculares. Aprendemos em Provérbios 4:9 que a sabedoria "dará à tua cabeça um diadema de graça e uma coroa de glória te entregará". Então em Provérbios 14, versículos 18 e 24, lemos que "os prudentes se coroam de conhecimento e aos sábios a riqueza é coroa.

O resultado de decidir buscar a sabedoria é a recompensa de uma "coroa de conhecimento" e uma "coroa de riquezas". Se isso indica riquezas literais ou uma vida agradável e organizada que vem de viver de forma sábia, a mensagem de Deus é clara: As escolhas diárias que você faz determinam o desfecho dos seus dias.

16 crendo que o seu pai celestial sabe o que é melhor

Orientação

> *O coração do homem traça o seu caminho,
> mas o Senhor lhe dirige os passos.*
>
> PROVÉRBIOS 16:9

uma oração

Ó Pai e guia soberano para todos os que confiam em ti, a estrada é obscura e o futuro é incerto, mas a tua Palavra é lâmpada para os meus pés e orientação para o meu caminho. Que a luz da tua graça brilhe forte neste meu novo dia — um presente dado por ti. Que o teu Espírito Santo me dirija em toda a verdade. Como somente tu sabes o que é melhor para mim, peço com todo o meu coração que me ajudes a lembrar das palavras do teu Filho: "Não se faça a minha vontade, e sim a tua". Amém.

Como tenho me esforçado para ler a Bíblia inteira todo ano, eu também tenho tentado estudar livros específicos da Bíblia com a ajuda de comentários bíblicos. Sempre apreciei os Salmos e me deleitei em gastar tempo examinando-os com atenção para estudá-los de forma mais detalhada. Ainda me lembro de vários comentaristas que escreveram que, se quisesse saber mais sobre o meu relacionamento com Deus, eu deveria ler o livro de Salmos e, se desejasse saber mais sobre o meu relacionamento com o meu semelhante, eu teria de ler o livro de Provérbios.

Depois de mergulhar no estudo de Provérbios, preciso agora retificar a minha ideia original. A mudança começou quando li: "O temor do SENHOR é o princípio do saber" (Provérbios 1:7). Foi então que me dei conta de que Provérbios é um livro tanto sobre a teologia de Deus quanto sobre a interação pessoal com o meu semelhante. Esse livro se refere ao "Senhor" mais de noventa vezes e também há inúmeras referências ao "temor do Senhor".

Agora, no capítulo 16, você descobrirá que Deus está muito interessado em você! Ele deseja estar envolvido em todos os aspectos da sua vida. Louvado seja o seu glorioso nome, pois ele — o Pai da sabedoria, o seu Pai celestial — sabe o que é melhor!

O que o seu Pai celestial faz por você

Deus sempre tem a palavra final. "O coração do homem pode fazer planos, mas a resposta certa dos lábios vem do SENHOR" (Provérbios 16:1). Poderíamos afirmar esse princípio de outra forma: "Você faz os seus propósitos — mas Deus os alinha". Balaão é um exemplo perfeito de homem que tentou fazer uma coisa à sua maneira. Balaão foi comissionado por um rei local para amaldiçoar o povo de Deus. Quando ele abriu a boca para proferir a maldição, em vez disso, não apenas uma vez, mas duas, as palavras que saíram da sua boca foram de bênção (Números 23:7-10,18-24)! Deus prevaleceu.

    Eis outro exemplo da direção de Deus: os discípulos de Jesus estavam preocupados quanto ao que deveriam dizer quando fossem testados por causa da sua fé. Jesus os tranquilizou e encorajou: "Não cuideis em como ou o que haveis de falar, porque, naquela hora, vos será concedido o que haveis de dizer" (Mateus 10:19). Deus daria a eles as palavras adequadas no momento apropriado. O texto de Salmos 37:5 diz que a sua parte é "entrega[r] o teu caminho ao Senhor, confia[r] nele", e a de Deus é ... "e o mais ele fará".

    Provérbios 10:24 também declara: "O anelo dos justos, Deus o cumpre". Deus deseja que você estabeleça objetivos que tenham como alvo ser um cristão mais forte, uma mãe e esposa piedosa, usar uma parte do seu tempo servindo os outros e ser um mordomo fiel do seu dinheiro. Então faça planos. Coloque os seus sonhos no papel. Coloque-os em ação — e confie no Senhor. Quando o desejo do seu coração for fazer a vontade dele, ele orientará, guiará, prevalecerá e redirecionará para promover que a sua vontade aconteça.

    Deus conhece as intenções do seu coração. "Todos os caminhos do homem são puros aos seus olhos, mas o Senhor pesa o espírito" (Provérbios 16:2). Você está familiarizada com Jeremias 17:9? Esta é uma mensagem semelhante: "Enganoso é o coração, mais do que todas as coisas, e desesperadamente corrupto; quem o conhecerá?". Até o criminoso mais violento racionaliza o seu pecado para si mesmo. E, infelizmente, também somos capazes de achar que o que dizemos e fazemos está sempre certo — que é "limpo". Mas, quando medimos as nossas motivações diante dos padrões de Deus, percebemos o erro do nosso caminho. Deus não se deixa enganar pelos nossos atos. Ele olha para o nosso coração — e julga. Quando a nossa motivação é pura e limpa, é mais provável que façamos o que é certo, já que motivações puras costumam produzir ações corretas.

Deus honra o trabalho que o exalta. "Confia ao SENHOR as tuas obras, e os teus desígnios serão estabelecidos" (Provérbios 16:3). A melhor forma de assegurar que os seus sonhos e objetivos se tornem realidade é dedicá-los ou "confiá-los" ao Senhor desde o início — desejar somente o que ele deseja. Ore e busque a aprovação dele a cada dia e em cada passo. É como o nosso versículo instrui: "Confia ao SENHOR as tuas obras".

Se você está se empenhando na obra do Senhor, lance o fardo do seu trabalho sobre ele em total confiança. Confie as suas obras a ele. Ainda que você possa ter alguns momentos de ansiedade, o seu fardo nunca será grande demais que ele não consiga carregar!

Deus tem um propósito em tudo. "O SENHOR fez todas as coisas para determinados fins e até o perverso, para o dia da calamidade" (Provérbios 16:4). Existe um pequeno cântico animado muito conhecido nos Estados Unidos intitulado *Everything is Beautiful in its Own Time* [Tudo é lindo a seu tempo], que, além de Provérbios 16:4, remete a Eclesiastes 3:1, que diz assim: "Tudo tem o seu tempo determinado, e há tempo para todo propósito debaixo do céu". Deveríamos estar cantando com alegria esse corinho e louvando a Deus, porque tudo está bem e maravilhoso — não importa como lhe parece ou como você se sente. Deus tem um propósito para tudo — "até o perverso, para o dia da calamidade".

Cada novo dia deveria trazer entusiasmo — Deus tem um propósito para você! Agradeça a ele de todo o seu coração... depois ore para que todas as suas ações e atitudes o glorifiquem.

Deus tem um plano para a sua vida. "O coração do homem traça o seu caminho, mas o SENHOR lhe dirige os passos" (Provérbios 16:9). Você simplesmente não pode deixar passar o ponto central deste provérbio: O homem pode fazer seus planos, mas...

> *O SENHOR lhe dirige os passos* (16:9),
> *a resposta certa dos lábios vem do SENHOR* (16:1)

e

> *do SENHOR procede toda decisão* (16:33).

Talvez você tenha usado de muita energia para planejar a sua vida e estabelecer objetivos para a sua carreira. E espera-se que tenha orado e buscado a orientação de Deus. Contudo, se você é uma filha de Deus, ele está dirigindo os seus passos, esteja você ciente da direção dele ou não.

Talvez você já tenha tido uma experiência como a de Ester. Ester era uma jovem judia do Antigo Testamento, que tinha os seus projetos pessoais e sonhos, mas Deus tinha outros planos... que a levaram a se tornar a rainha do Império Persa, colocando-a em posição de ajudar a salvar o povo judeu.

Confie a Deus a sua vida e o seu projeto de vida. Ele sempre sabe o que é melhor. Não se apegue demais a nada e se atenha com moderação a tudo. Por quê? Pode ser que Deus tenha outros planos — os planos dele! — para o seu futuro.

Deus requer honestidade. "Peso e balança justos pertencem ao Senhor; obra sua são todos os pesos da bolsa" (Provérbios 16:11). Pesos e medidas ainda têm grande importância nos negócios e no comércio. No passado, os donos de loja manipulavam a bolsa de pesos a fim de ganhar lucro adicional. Esse provérbio trata da honestidade. Existem múltiplas formas de ser desonesto. Mesmo com todas as nossas leis, o governo não consegue impedir que as pessoas trapaceiem. Mas, quanto a nós, Deus quer que nos submetamos ao seu padrão mais elevado em todas as áreas e todos os níveis, até quando vamos ao supermercado!

Deus recompensa aquele que o busca. "O que atenta para o ensino acha o bem, e o que confia no Senhor, esse é feliz" (Provérbios 16:20). Dar atenção ao ensino significa confiar em Deus e na sua Palavra, as Escrituras, para guiar e dirigir a sua vida a fim de achar "o bem e ser "feliz". Não consigo deixar de pensar nas palavras de Jesus: "Bem-aventurados os que têm fome e sede de justiça, porque serão fartos" (Mateus 5:6). O versículo de Provérbios 16:20 nos envia esta mensagem: Leia a Bíblia, obedeça-lhe e confie em quem a escreveu. Não tem como dar errado com essa fórmula campeã para viver uma vida vitoriosa!

Deus ouve as nossas orações. "O SENHOR está longe dos perversos, mas atende à oração dos justos" (Provérbios 15:29). Alguém fez a estimativa de que existem três mil promessas na Bíblia, mas talvez nenhuma seja tão animadora ou empolgante quanto a promessa de que Deus ouve as nossas orações! O Senhor está longe dos perversos no sentido de que não entra em comunhão com eles, e eles não têm contato com Deus por meio da oração. Mas como crentes, pela oração, nós temos acesso a uma audiência instantânea com o soberano Deus do universo — diante do seu trono no céu — 24 horas por dia, sete dias por semana! Aqui está outra verdade e promessa: "Sabemos que Deus não atende a pecadores; mas, pelo contrário, se alguém teme a Deus e pratica a sua vontade, a este atende" (João 9:31). Se o nosso Pai celestial sabe o que é melhor e temos acesso livre a ele, precisamos nos certificar de que a oração seja uma parte importante do nosso dia. Aqui está ainda mais uma promessa e verdade a ser lembrada enquanto oramos:

> Acheguemo-nos, portanto, confiadamente, junto ao trono da graça, a fim de recebermos misericórdia e acharmos graça para socorro em ocasião oportuna (Hebreus 4:16).

Sabedoria de Deus para o seu dia

Você se incomoda com o fato de Deus ser soberano? De ele ter controle sobre o universo e estar envolvido de forma ativa na vida dos seus filhos, incluindo você? Em caso afirmativo, reflita sobre isto: Como você demonstra aos seus amados que se importa com eles? Envolvendo-se na vida deles. Mesmo quando eles não desejam o seu envolvimento, você faz o que pode para estar presente na vida daqueles que ama.

Com Deus acontece da mesma forma. Na verdade, o interesse dele nunca se isenta ou cessa. Como o seu Pai celestial sabe o que é melhor, ele orienta e dirige a sua vida. Não existe ninguém mais bem qualificado para dar essa sabedoria e direção. Tenha como prática reconhecer o amor de Deus por você, a presença dele na sua vida e a direção dele, hoje e sempre. Dedique o seu dia e os seus planos a ele e confie que ele a guiará na vontade perfeita dele.

> Confia no SENHOR de todo o teu coração e não te estribes no teu próprio entendimento. Reconhece-o em todos os teus caminhos, e ele endireitará as tuas veredas (Provérbios 3:5,6).

17 sendo uma boa amiga

Amizade

> *Em todo tempo ama o amigo,*
> *e na angústia se faz o irmão.*
>
> PROVÉRBIOS 17:17

uma oração

Deus que estás acima dos céus, assim como falaste face a face com o teu amigo Moisés no passado e como o teu Filho veio à terra para ser amigo dos pecadores, que eu seja uma amiga fiel aos outros. O desejo do meu coração é seguir os teus passos e ser uma amiga que cobre as transgressões, que é leal em tempos de adversidade, que busca amar de forma incondicional e que sem dúvida é confiável. Ajuda-me a ser honesta com as minhas amigas quando precisar falar sem hesitação e a não me esquecer de orar pela saúde e pelo crescimento espiritual das minhas preciosas companheiras. Amém.

O que faríamos sem as nossas amizades? Desde a época em que começamos no jardim de infância e no ensino fundamental, e ao longo da vida inteira, toda mulher procura e precisa de amigas. Deus nos fez seres sociais, porque fomos criadas à imagem dele (Gênesis 1:26). Isso significa que nos parecemos com Deus em alguns aspectos muito especiais e um deles é que, assim como Deus, somos seres sociais.

Antes de mais nada, fomos criadas para ter comunhão com o Senhor. É claro que Deus não precisa de nós como amigas, mas ele escolheu ser nosso amigo e ter comunhão conosco por meio do seu Filho, Jesus Cristo (João 15:14,15). Mas o Pai também nos criou para termos comunhão com o nosso semelhante. É nesse ponto que o livro de Provérbios vem ao nosso resgate, porque ele é um guia de como ter, administrar e manter relacionamentos com as pessoas ao nosso redor.

A prova de um bom amigo

O capítulo 17 de Provérbios é um dos meus favoritos, porque fala o que significa ser amigo. Isso é essencial, porque, para ter amizades, você tem que ser amiga. Vamos um passo adiante e dizer assim: Ter o tipo certo de amizade significa que você tem que ser o tipo certo de amiga. Aqui estão algumas marcas indispensáveis de um bom amigo. Essas marcas são prova e evidência de que você é uma verdadeira amiga.

Uma boa amiga é esquecida. "O que encobre a transgressão adquire amor, mas o que traz o assunto à baila separa os maiores amigos" (Provérbios 17:9). Fazer vista grossa ou perdoar uma ofensa traz grande benefício para a preservação de uma amizade. Amo este cenário entre Jesus e Pedro quando Pedro perguntou: "Senhor, até quantas vezes meu irmão pecará contra mim, que eu lhe perdoe? Até sete vezes?" Jesus, o nosso Salvador que perdoa todos os nossos pecados, com paciência então explicou a Pedro que o nosso perdão deve ser ilimitado: "Até setenta vezes sete" (Mateus 18:21,22).

Eis como funciona esse provérbio:

> Uma mulher diz à outra: "Você não se lembra das coisas maldosas que ela falou para você?"
> A outra mulher replica: "Não é que eu simplesmente não lembre; eu me lembro claramente de ter esquecido!"

Quando a Bíblia diz: "Quanto dista o Oriente do Ocidente, assim afasta de nós as nossas transgressões" (Salmos 103:12), ela quer dizer que Deus perdoou o nosso pecado e não se lembrará mais dele. Ele perdoa — e esquece. E nós devemos ser modelos do seu perdão — e do seu esquecimento. Estas pessoas da Bíblia nos mostram a beleza do perdão:

- José perdoou os seus irmãos que o haviam vendido para ser escravo em um país estranho... a fim de que a sua família pudesse ser reunida, viver em paz, e o seu número pudesse crescer e se tornar uma nação poderosa.
- Paulo perdoou João Marcos, que se desviara e deixara Paulo com a sua equipe missionária... a fim de que mais tarde servissem ao Senhor juntos.
- Sara perdoou Abraão, que colocara a vida dela em perigo ao mentir, dizendo que ela era apenas sua irmã... a fim de que o casamento deles pudesse seguir em frente.

Em todos esses três cenários, um erro terrível foi cometido, pessoas fiéis sofreram e foram postas em perigo. Uma vez que o perdão foi estendido, em todos os casos algo positivo foi alcançado.

Uma boa amiga é leal. "Em todo tempo ama o amigo, e na angústia se faz o irmão" (Provérbios 17:17). Esse provérbio fala que a amiga verdadeira é alguém com quem se pode contar como se fosse um membro da família — nos momentos bons... e ruins. Na verdade, de acordo com Provérbios 18:24, essa amiga leal é "mais chegad[a] do que um irmão". A família pode se unir quando existe alguma crise familiar, mas os amigos são de fato mais chegados do que a família, porque têm um papel diário de intimidade na vida do amigo. O seu amor é constante. Em outras palavras, quando aguenta firme e passa pela adversidade com uma amiga, você prova que não é uma amiga só para o "oba-oba". Sendo uma amiga leal, você está presente quando alguma companheira precisa de você. É evidente que uma amizade requer tempo — muito tempo! —, e as necessidades de um amigo quase nunca surgem em um momento conveniente. Mas a boa amiga é leal, sincera de coração e firme como uma rocha, especialmente durante a adversidade — ela está presente orando, cuidando, ajudando, ligando, chorando, providenciando com fidelidade tudo o que for preciso.

Os leitores originais desse provérbio não conheciam Jesus e os seus ensinamentos, mas hoje nós sabemos quanto o nosso amigo Jesus é leal. Ele nos assegura com suas próprias palavras: "Eu lhes dou a vida eterna; jamais perecerão, e ninguém as arrebatará da minha mão" (João 10:28). Isso, sim, é amizade verdadeira! Não deixe de notar a palavra "jamais". Agora, observe-a mais uma vez nesta segunda promessa de Jesus: "De maneira alguma te deixarei, nunca jamais te abandonarei" (Hebreus 13:5). Aqui está um "sempre" a ser anotado, lembrado e guardado no coração: "E eu estarei sempre com vocês, até o fim dos tempos" (Mateus 28:20, NVI).

Uma boa amiga não é superficial. "O homem que tem muitos amigos sai perdendo; mas há amigo mais chegado do que um irmão" (Provérbios 18:24). Outra versão da Bíblia traduz esse provérbio desta forma: "Alguns que se dizem amigos destroem uns aos outros, mas o verdadeiro amigo é mais próximo que um irmão"

(NVT). Escolher amigos de forma indiscriminada pode trazer problemas por uma infinidade de razões. Quem nunca quis fazer parte de uma foto, entrar para um clube ou ser visto com pessoas populares? (Se isso lembra muito os tempos de escola, é porque é disso que me recordo desse estágio da minha vida!) É raro esses desejos "superficiais" acabarem colhendo resultados positivos e amizades reais para a vida toda.

Contudo, quando cultivarmos amizades genuínas com pessoas autênticas, elas ficarão apegadas a nós para o que der e vier — assim como faremos a elas. Isso está se tornando mais raro, por causa da cultura que tem a mídia social como centro. Talvez você tenha passado anos desenvolvendo quinhentos amigos ou seguidores em alguma rede social. Mas o que acontece quando você está doente e precisa de uma refeição, ou quando está se arrastando dia a dia em meio a alguma tragédia ou perda, quando a vida fica difícil? Qual desses "amigos" pode ou viria para socorrer você? Um uso melhor — muito melhor — do seu tempo precioso é gastá-lo em fazer amizade com algumas "amigas de verdade" que não sejam duvidosas e superficiais, mas que sejam como uma irmã fiel.

É claro que com amigas íntimas de qualidade existe muita diversão e bons momentos, celebrações, confraternizações com café, almoço — e compras! Mas uma boa amiga nunca é superficial com a outra. Uma amiga de verdade ora junto com a outra e pela outra. Ela compartilha verdades espirituais e encoraja a outra a crescer espiritualmente. Ela conversa sobre o Senhor e o que ela está aprendendo.

A amiga autêntica fica ao seu lado quando você está magoada, triste ou sofrendo. Seja qual for a sua necessidade, ela atende. Você precisa de uma irmã em Cristo de oração? Você precisa de uma carona até o médico, porque está doente demais para dirigir? Você precisa de uma refeição, porque está sem condições de cozinhar? Você precisa de conselho para algum problema pessoal? Sobre criação de filhos? Sobre alguma decisão séria que você deve tomar? Seja qual for a sua necessidade, a sua verdadeira amiga virá para socorrê-la — e você faria o mesmo por ela. É quase como se uma amiga de verdade estivesse sempre às ordens, sempre disponível quando você tem alguma necessidade grave.

Uma boa amiga é confiável. "O homem perverso espalha contendas, e o difamador separa os maiores amigos" (Provérbios 16:28). A palavra "difamador", que pode ser traduzida por "palavras de um caluniador", ocorre outras três vezes em Provérbios (consulte Provérbios 18:8; 26:20,22). O oposto de um difamador perverso e fofoqueiro é um amigo de verdade. Alguém para quem você pode contar qualquer coisa e sabe que ele guardará segredo. A fofoca separa amigos e também causa discórdia entre outras pessoas que são amigas próximas.

O livro de Provérbios tem muito a dizer sobre fofoca, difamação e língua maldosa. A maneira mais rápida de impedir que você seja uma "boa" amiga é espalhar informações ou fatos íntimos sobre sua amiga ou outra pessoa. Uma boa amiga cobre as suas amizades com um manto de amor e protege as suas confidências a todo custo. Temos examinado o que é uma amizade genuína e verdadeira. Tenha cautela quando escolher as suas amizades para encontrar, fazer e ser esse tipo de amiga. Tenha sempre em mente este provérbio espanhol: "Quem quer que fofoque para você, irá fofocar sobre você".[1]

Uma boa amiga é uma conselheira. "Como o óleo e o perfume alegram o coração, assim, o amigo encontra doçura no conselho cordial" (Provérbios 27:9). Esse provérbio retrata bons amigos no papel de animar um ao outro. É incrível, mas esse versículo está dizendo que o seu conselho cordial deve encorajar e deliciar o ouvinte da mesma forma que um banho de espuma refresca o corpo!

Isabel foi esse tipo de amiga e conselheira quando Maria, sua jovem prima grávida ainda não casada, veio visitá-la (Lucas 1:39-56). As duas compartilharam, oraram e exaltaram o Senhor juntas.

---

[1] *Checklist for Life for Teens.* Nashville, TN: Thomas Nelson Publishers, 2002, p. 35.

Jônatas também foi esse tipo de amigo quando fortaleceu Davi no Senhor. Jônatas, cujo pai estava tentando matar Davi, arriscou a vida para se encontrar com Davi e "lhe fortaleceu a confiança em Deus". Ele lembrou as promessas de Deus e assegurou a Davi: "Eu serei contigo" (1Samuel 23:16,17).

Além de ser uma amiga que tranquiliza as suas amigas, você também deve fortalecê-las, firmá-las e afiá-las como fala o capítulo 27, versículo 17, de Provérbios: "Como o ferro com o ferro se afia, assim, o homem, ao seu amigo". Da mesma forma que a ação do ferro contra ferro afia, a troca de ideias que você tem com as suas amigas chegadas deve afiar a mente delas. Você não está sendo uma boa amiga se só fala do tempo, dos últimos programas de TV ou das fofocas de Hollywood.

Não, você não pode ser uma mulher que puxa as amigas para baixo ou simplesmente as suporta. Você precisa ser uma amiga que puxa as companheiras para cima — na direção de Deus, de maior piedade, de melhor caráter, de mais ministério e serviço aos outros. O ponto perfeito e mais lógico — e poderoso — para começar o seu ministério de encorajamento com as suas amigas é compartilhando passagens da Bíblia. Deus será honrado, o que você compartilha será verdade, e você e as suas companheiras estarão crescendo juntas, para o alto, no Senhor.

Sabedoria de Deus para o seu dia

Sem dúvida, para Deus é importante que você seja uma boa, verdadeira, honesta, amável e fiel amiga. Essa é uma parte essencial do plano dele para a sua vida. Os amigos e as amizades começam com você, e, para ter o tipo certo de amigos, você precisa começar tendo os padrões mais altos para si mesma. Se você ama a Deus de forma profunda e intensa, isso vai ser demonstrado pela sua vida. Vai aparecer. Vai ficar óbvio. Vai ser visto — e ouvido, "porque a boca fala do que está cheio o coração" (Lucas 6:45). Viva para Deus e, como um ímã, ele atrairá pessoas piedosas para a sua vida que serão o tipo de amizade que você pode encorajar — e que também vai encorajá-la.

Estou certa de que os seus dias são ocupados, cheios de coisas, frenéticos e desafiadores. A tentação está sempre presente para vermos o que *não* podemos fazer hoje a fim de cuidarmos do que realmente importa — lar, família, trabalho e responsabilidades na igreja. É fácil deixarmos a categoria das amizades passar... por um dia só. Então, no fim da sua semana, as amigas foram negligenciadas e tratadas sem consideração por uma semana inteira!

Quando alcancei esse estágio, fiz algumas mudanças simples. Comecei a orar todos os dias pelo que eu chamava de minhas "Cinco fiéis amigas". Todo dia eu também investia com ímpeto para me comunicar com uma delas de alguma maneira — mesmo que eu tivesse de deixar um recado de voz. Isso levava apenas alguns minutos! Talvez você possa fazer o mesmo com as suas amigas, ou pensar em outras formas de ser uma amiga atenciosa mesmo debaixo da sua pilha de obrigações pessoais. O apóstolo Paulo orava pelos amigos dele na distante cidade de Filipos — e escreveu cartas. O que fez que ele prosseguisse? O que provocou que ele continuasse interagindo? O que o levou a permanecer tentando estar em contato? Nas palavras do próprio Paulo, "porque vos trago no coração" (Filipenses 1:7).

Esse é o lugar onde as suas amizades devem ficar — no seu coração.

18 encontrando o bem

*Uma esposa segundo
o coração de Deus*

> *O que acha uma esposa acha o bem
> e alcançou a benevolência do S<small>ENHOR</small>.*
>
> P<small>ROVÉRBIOS</small> 18:22

uma oração

Glorioso e santo Deus, ao vir diante do teu trono de graça e misericórdia, reconheço e louvo o teu perdão em Cristo, o meu salvador. Sabendo que tenho a escolha de trazer honra ou desonra ao meu marido a cada dia, ajuda-me a fazer escolhas ao longo deste dia que honrem e mostrem respeito por ele. Ajuda-me, querido Deus, a fazer para ele o bem, e não o mal, hoje e todos os dias da minha vida. Amém.

No mundo antigo, parte da magnitude de ser rei era ter várias esposas. Quanto maior o rei, maior o número de esposas que ele tinha! Salomão foi o maior rei da sua época e comprovou o seu poder com setecentas esposas e trezentas concubinas (1Reis 11:3).

O israelita plebeu, no entanto, raramente recorria à poligamia. Provérbios — um livro de sabedoria antiga — mostra com clareza que a união de um homem e uma mulher era a norma, e não a exceção. O livro também usa a visão incomum à Antiguidade de que a esposa era mais do que um bem e não tinha como única serventia ter filhos. Provérbios considera a esposa como companheira do marido, uma alegria e uma bênção: "Seja bendito o teu manancial, e alegra-te com a mulher da tua mocidade" (Provérbios 5:18). De acordo com essa advertência, a mulher também deveria ser protegida dos perigos físicos: "Não ficará sem castigo todo aquele que a tocar" (6:29).

Conhecendo a visão elevada que Deus tem sobre o casamento, como deveríamos enxergar o nosso papel de esposa conforme visto pelos olhos dos escritores de Provérbios? Continue lendo.

A esposa é um presente de Deus. "O que acha uma esposa acha o bem e alcançou a benevolência do Senhor" (Provérbios 18:22). Reconhecendo a necessidade do homem, Deus criou a mulher — uma esposa — para Adão. Deus declarou: "Não é bom que o homem esteja só; far-lhe-ei uma auxiliadora que lhe seja idônea" (Gênesis 2:18).

Você se considera um presente dado pelo próprio Deus ao seu marido, "o bem que abençoa a vida do seu esposo a cada dia? Como qualquer presente, você é especial, singular e foi dada ao seu marido para trazer alegria e felicidade para ele. Se for da vontade de Deus, também ter filhos e estender o nome dele à outra geração.

A esposa prudente é uma bênção. "A casa e os bens vêm como herança dos pais; mas do SENHOR, a esposa prudente" (Provérbios 19:14). Um homem casado pode herdar imóvel e dinheiro dos pais e parentes, mas só o Senhor pode capacitar você a ser uma esposa que é "prudente" — uma esposa que é cautelosa, modesta, sensata, contida e agradável. Você deve ser um "bem" — uma bênção divina — de Deus ao seu marido na sua conduta a cada momento, assim como por toda a vida do seu casamento.

A esposa de caráter nobre é uma coroa. "A mulher virtuosa é a coroa do seu marido, mas a que procede vergonhosamente é como podridão nos seus ossos" (Provérbios 12:4). A coroa do rei o distingue dos cidadãos comuns. Da mesma forma, a esposa excelente fornece uma coroa para o marido, distinguindo-o dos outros que não são tão felizardos.

Para ser uma coroa para o seu marido, faça dele a sua prioridade principal. Coloque-o em primeiro lugar na sua lista de afazeres e na lista de pessoas que você mais admira e respeita. Deixe claro para ele que ele pode contar com você para receber apoio e encorajamento. Independentemente de como seja o marido e o casamento, uma esposa excelente "lhe faz bem e não mal, todos os dias da sua vida" (31:12). É como diz o ditado: "Atrás de todo homem bem-sucedido, está uma mulher apoiadora". Essa é a mensagem desse versículo. Ele oferece um vislumbre do valor que você pode ter para o seu marido. Quando o seu esposo sabe que pode confiar em você e contar que você o apoiará e encorajará, vocês dois podem alcançar grandes resultados e sucesso duradouro em múltiplas áreas e empreendimentos, como na criação dos seus filhos, servindo na igreja, testemunhando aos seus familiares e vizinhos, criando e mantendo um ambiente de amor no seu lar que acolha a todos.

O oposto também se aplica: Quando a mulher está em desacordo com o marido, ou age de maneira que o envergonha, ela se transforma em um câncer ou em uma doença física que consome o casamento e corrói o tecido da unidade da família. Ela é como podridão nos seus ossos. A cada novo amanhecer, você e eu temos uma decisão a tomar: ser uma esposa que abençoa, traz honra e respeito para o marido, ou que tem um comportamento que faz mal a ele e à reputação dele — e até à saúde.

A esposa pode fazer do seu lar o céu na terra ou um verdadeiro inferno. "Um gotejar contínuo, [são] as contenções da esposa" (Provérbios 19:13). O pobre homem retratado nesse provérbio tem uma sentença de prisão perpétua com uma esposa briguenta e implicante. Agora, em nosso estudo sobre as esposas representadas em Provérbios, sabemos que podemos ser uma bênção e uma coroa para o nosso marido. Mas, infelizmente, podemos com facilidade cair no hábito de ser uma esposa rixosa, implicante, ranzinza, humilhante, que é dada a conflitos, críticas, discussões e vence o marido pelo cansaço dia após dia.

É como um antigo pensamento observa: "Três coisas tornam intolerável uma casa: *tak* (gotejar da chuva que vaza), *nak* (a implicância da esposa) e *bak* (percevejos etc.)".[1] Ainda outro comentarista escreve: "O 'gotejar constante' de uma mulher ranzinza nos faz recordar uma tortura chinesa antiga em que se usava água".[2]

Para garantir que captemos a mensagem, Deus acrescenta outros provérbios sobre a terrível "mulher rixosa". Eles falam por si sós. E devo avisar que essa mulher não é algo belo de se ver. Ela não honra a Deus e com toda a certeza não honra ao marido! Ela é portadora de tormento e grande infelicidade.

> Melhor é morar no canto do eirado do que junto com a mulher rixosa na mesma casa (Provérbios 21:9).

> Melhor é morar numa terra deserta do que com a mulher rixosa e iracunda (Provérbios 21:19).

---

[1] KIDNER, Derek. *Provérbios, introdução e comentário*, p. 129.
[2] ALDEN, Robert L. *Proverbs*, p. 145.

Melhor é morar no canto do eirado do que junto com a mulher rixosa na mesma casa (Provérbios 25:24).

O gotejar contínuo no dia de grande chuva e a mulher rixosa são semelhantes (Provérbios 27:15).

A escolha é nossa: Podemos optar por nos deliciarmos em acrescentar ao nosso varão, ou podemos agir como uma menina crescida malvada que destrói e esgota a vida do parceiro, de propósito.

A esposa excelente existe. "Mulher virtuosa, quem a achará? "Bem, ela existe e está em algum lugar por aí! Não sou daquele tipo de gente que pega um livro e pula para o fim para decidir se quer lê-lo. Mas não posso deixar de fazer que você leia o fim do livro de Provérbios para obter uma prévia e dar uma olhadinha na mulher, esposa e mãe de Provérbios 31. Sim, essa mulher magnífica e nobre existe... e é de valor incalculável: "O seu valor muito excede o de finas joias" (Provérbios 31:10). Esse provérbio nos faz lembrar de Provérbios 8:11, que fala sobre a sabedoria: "Melhor é a sabedoria do que joias, e de tudo o que se deseja nada se pode comparar com ela".

Deus afirma repetidas vezes que a sabedoria é o maior de todos os bens. O seu valor está acima de qualquer estimativa. É o segredo para a vida e a piedade. Deus está informando a mim, a você e aos leitores dele que o valor de uma esposa nobre só perde para a sabedoria.

Veja agora algumas das qualidades de caráter positivas de uma esposa excelente descritas no capítulo 31:

- A "boa esposa" é um presente de Deus para trazer alegria e felicidade ao marido.
- A "esposa prudente" cujo comportamento é piedoso toma cuidado para não desonrar ou arruinar o marido.
- A esposa "virtuosa" que possui firmeza de caráter é um bem supremo.
- A "esposa excelente" vale mais do que joias.

De acordo com Provérbios 31:10-31, essa mulher excelente, virtuosa, nobre, dedicada à família tem grande capacidade como administradora e comerciante, artesã, filantropa e mentora. O foco das suas atividades é o seu lar, porém a sua influência se difunde por toda parte. O seu caráter e as suas realizações são valorizados pelo seu marido, seus filhos e por todos que a conhecem. Essa mulher é o modelo que Deus dá a nós, como mulheres, esposas e mães. Peça para Deus trabalhar na sua vida a fim de torná-la uma mulher de caráter nobre — uma coroa e bênção para o seu marido e seus filhos.

Sabedoria de Deus para o seu dia

O livro de Provérbios nos mostra o lado bom, o lado ruim e as qualidades repugnantes que podem descrever uma esposa. Deus nos dá o poder para sermos um verdadeiro presente dele, trazer e fazer o bem no nosso casamento, criar um lar que seja um pequeno paraíso na terra. Por meio do pecado, temos o poder para arruinar o nosso casamento, transformar o nosso matrimônio e o nosso lar em um inferno de tortura e trazer ruína para o nosso marido. A verdade mais aterrorizante e grave é que a escolha é nossa quanto a que tipo de esposa queremos ser — e vamos ser.

Como filhas de Deus, temos o Espírito Santo habitando em nós, que nos guiará a toda a verdade. Ele produzirá em nós o seu fruto ao andarmos em obediência a ele. De forma muito sutil, podemos cair em reclamação, choradeira, implicância, discussão e críticas até que, com o tempo, nos tornemos de fato uma mulher "rixosa". Ou podemos ter como aspiração diária ser a esposa excelente, nobre, virtuosa e digna que Deus descreve e exalta em Provérbios.

Hoje, escolha ser o tipo de mulher que Deus deseja enquanto ora e presta atenção a si mesma como esposa e ao seu marido como alguém precioso a quem Deus pede que você "ame" (Tito 2:4). Decida colocar o seu marido em primeiro lugar. Opte por abençoá-lo, nutri-lo, fazê-lo se desenvolver e ajudá-lo — amá-lo de paixão. Abra a sua alma, ore por ele e pelo dia dele. Abra o seu coração e ame-o com o amor de Cristo. Abra os seus olhos e enxergue-o como presente perfeito de Deus para você. Abra a sua boca e elogie-o pelos seus pontos fortes e sua diligência. Abra as suas mãos e cuide dos interesses e necessidades dele. Abra os seus braços e abrace-o como seu companheiro e líder, seu melhor amigo e parceiro para a vida.

Faça do seu casamento uma coisa boa.

19 Derrotando o seu pior inimigo

Ira

> Homem de grande ira tem de sofrer o dano; porque, se tu o livrares, virás ainda a fazê-lo de novo.
>
> PROVÉRBIOS 19:19

Uma oração

> Prostro-me diante de ti, Deus de toda paz, que enviaste o teu Filho, o Príncipe da paz, como modelo perfeito de paz e paciência. Quero te agradecer e louvar por me dares instruções claras para deixar a ira de lado e informações úteis para fazê-lo, para alcançar vitória sobre a ira e a indignação. Ao pensar neste dia e nos meus muitos afazeres, desejo — justamente hoje, querido Senhor — andar nos teus caminhos, obedecer à tua Palavra e ser a pessoa sobre quem tu declaras que se abstém da ira e cujo coração sereno acalma os outros. Amém.[1]

---

[1] Consulte Colossenses 3:8.

Uma forma pela qual sabemos que a Bíblia foi escrita por Deus é que ela é totalmente honesta na descrição que faz dos seus personagens. Tome Caim por exemplo. Filho de Adão e Eva, Caim foi a primeira criança a nascer no mundo. Isso o tornava extremamente especial e importante, porque ele era o futuro da raça humana. No entanto, logo testemunhamos uma falha vital em Caim — ele tinha problema com a ira, que chegou ao auge quando Deus rejeitou a sua oferta.

A Bíblia não diz por que Deus rejeitou a oferta de Caim, mas registra a reação de Caim: "Irou-se, pois, sobremaneira, Caim, e descaiu-lhe o semblante". Então Deus admoestou Caim a controlar a sua ira, a se acalmar, perguntando: "Por que andas irado, e por que descaiu o teu semblante? Se procederes bem, não é certo que serás aceito? Se, todavia, procederes mal, eis que o pecado jaz à porta; o seu desejo será contra ti, mas a ti cumpre dominá-lo" (Gênesis 4:3-7).

Em vez de ouvir a Deus, obedecer-lhe e dominar a sua ira, Caim ficou irritado com Deus por ter rejeitado a sua oferta. Ele também se irritou com o seu irmão, porque a oferta de Abel foi aceita por Deus. Caim deixou que a ira o dominasse e "se levantou [...] contra Abel, seu irmão, e o matou" (v. 8).

Você já sabe que a ira é um problema proeminente com o qual todos lutam na vida diária. Mas Deus é fiel! Ele nos diz por meio da sua Palavra para derrotarmos e controlarmos a nossa ira, e nos dá instruções de como fazê-lo. O livro de Provérbios tem muito a dizer sobre a ira. Por exemplo:

A ira é uma reação. "A ira do insensato num instante se conhece, mas o prudente oculta a afronta" (Provérbios 12:16). Qual o seu grau de tolerância a críticas? Algumas pessoas são melindrosas, permitindo que a mais leve crítica, insulto ou desilusão as leve a um ataque de raiva. É quase impossível ficar perto de uma mulher impulsiva. A sua ira está apenas encoberta o tempo todo. Com o menor sinal sonoro, ela detona. Estar na sua presença é como atravessar um campo minado. Ela é como um barril de pólvora capaz de levar tudo aos ares com a mais leve provocação.

A mulher "reta" de Provérbios 12:6, no entanto — a mulher que Deus deseja que sejamos — tem sabedoria e pratica o comedimento. Ela usa de graça para esperar antes de falar ou reagir, para ser cautelosa com as suas respostas e palavras e para ignorar os insultos. São necessárias duas pessoas para haver uma discussão ou briga, e a mulher prudente não vai se rebaixar a ponto de abrir mão da sua dignidade para entrar em uma briga.

Pela graça de Deus, você pode e deve demonstrar comedimento. Determine-se a fazer o que Deus pede que você faça. Deseje fazer qualquer coisa que ele mandar. É possível aprender a esperar e orar antes de reagir às reclamações, acusações e insultos de outra pessoa. Você pode, em essência, oferecer a outra face e passar por cima da transgressão em vez de desonrar a si mesma e a Deus, a quem você representa, perdendo a sua dignidade e agindo em resposta à ira e ações de "um insensato".

A melhor notícia de todas é que Deus já concedeu todo recurso de que você precisa para controlar a ira. A paciência, a mansidão e o domínio próprio do Espírito Santo estão disponíveis a você quando clamar ao Senhor para ajudá-la a se controlar e lidar com alguma situação emocional difícil. Ele a capacitará a responder desta forma: "Fala com sabedoria, e a instrução da bondade está na sua língua" (Provérbios 31:26).

A ira é uma perda de controle. "O insensato expande toda a sua ira, mas o sábio afinal lha reprime" (Provérbios 29:11). Esse é um versículo sincero ao falar que somos "insensatas" se e quando perdemos o controle. Você já "perdeu a cabeça" com alguém? (Sei que a minha resposta é um "sim" repleto de vergonha.) Caso a sua resposta seja afirmativa, isso significa que você sucumbiu à ira e explodiu em vez de esperar no Senhor e controlar a sua raiva. Ainda que nenhum dano permanente tenha sido causado, foi errado ter perdido o controle. No exato momento em que sucumbimos à ira e nos inflamamos, a Bíblia descreve cada uma de nós como "insensata".

Graças a Deus por mais uma vez existir auxílio! Deus nos dá a sua sabedoria na sua Palavra e de forma mais precisa ao longo de todo o livro de Provérbios. Ele nos dá esperança, porque com a sua graça, sabedoria e força, podemos esperar. Podemos "segurar a onda", conter a raiva. Podemos refrear as nossas emoções — talvez até contar até dez! E, enquanto estivermos esperando e contendo a ira, podemos voltar o nosso coração para Deus. Podemos elevar uma oração rápida *in loco* para obter paciência e direcionamento. Temos condições de pedir que Deus nos ajude a ficar com a boca fechada! É possível confiarmos que a paciência e a sabedoria dele nos ajudarão e guiarão no seu caminho de sabedoria.

É fundamental que, como mulheres segundo o coração de Deus, vençamos o nosso problema com a ira. É importante aprendermos o que fazer em vez de perder o controle. É decisivo orarmos a cada dia — e no decorrer do dia — para tomarmos providências à primeira faísca de ira.

Deus ordena que nos despojemos da ira. É como este versículo declara: "O insensato expande TODA a sua ira". Isso é assustador, porque, se não tomarmos medidas contra a ira e se não a deixarmos de lado, chegaremos ao ponto de sermos plena e genuinamente insensatas — como uma mulher que sempre perde a cabeça.

Um dos meus versículos favoritos que mantenho perto do meu coração para controlar as emoções e barrar a ira é 1Pedro 3:4. Deus fala para nos despojarmos da ira, mas também manda nos revestirmos de "um espírito manso e tranquilo, que é de grande valor diante de Deus". "Manso" significa que você não causa perturbação, e "tranquilo" quer dizer que você não reage a quem cria transtorno. Com a sabedoria e o poder de Deus, você *pode* conter a sua raiva.

A ira é contagiosa. "Não te associes com o iracundo, nem andes com o homem colérico, para que não aprendas as suas veredas e, assim, enlaces a tua alma" (Provérbios 22:24,25). A ira e as pessoas iradas são como um veneno que nos infecta quando estamos com elas. É impossível estar perto de uma pessoa irada por mais de alguns minutos sem começar a ficar irritado também! Seja qual for o problema ou questão dessa pessoa, a raiva dela logo entra de forma sorrateira na sua perspectiva pessoal, nas suas emoções, ações e no seu linguajar. Você aprendeu um novo mau comportamento!

Contudo, Deus vem ao nosso resgate com instruções claras, começando com a palavra: *Não...* Esse provérbio aconselha fortemente contra a associação e amizade com pessoas iradas. Elas serão uma influência corrompedora. É fácil e natural "aprender" a ser como uma pessoa impulsiva e acabar sendo pego no pecado da ira. A versão do Novo Testamento para esse princípio é: "Não se deixem enganar: as más companhias corrompem os bons costumes" (1Coríntios 15:33, NVI)!

A ira é um hábito. "Homem de grande ira tem de sofrer o dano; porque, se tu o livrares, virás ainda a fazê-lo de novo" (Provérbios 19:19). O hábito é definido como um padrão de comportamento adquirido, seguido normalmente, até que tenha se tornado quase involuntário. Existem bons hábitos, como fazer exercícios e comer de forma adequada; e existem maus hábitos, como fumar e beber, que causam problemas graves à saúde e colocam outras pessoas em perigo. A ira, assim como qualquer outra coisa que você faça com frequência, pode se tornar um hábito. A ira é como um vício que não pode ser controlado.

O primeiro passo no sentido de administrar algum problema na vida de qualquer viciado é admitir que tem um problema. Assumi--lo. Chamá-lo pelo nome que tem e se recusar a criar desculpas. Em que ponto a verdade desse provérbio mostra que você está na escala da ira? Se você tem um problema com a ira, admita-o como pecado. Reconheça a sua raiva como questão do coração. Deus é claro e repetitivo ao ordenar ao longo da Bíblia que não demos lugar à ira, mas que nos despojemos dela e a exterminemos.

Você pode conversar com o seu Pai celestial e pedir que ele sonde o seu coração para chegar à raiz da sua ira. Você pode com humildade e ousadia pedir socorro e graça a Deus para vencer a sua cólera. E não deixe de pedir perdão às pessoas que foram alvos ou receptores da sua raiva.

A ira pode ser evitada. "A resposta branda desvia o furor, mas a palavra dura suscita a ira" (Provérbios 15:1). Você já pensou em fazer aula ou curso de autodefesa? Você deve estar se perguntando: "Ela quer dizer aula de artes marciais?" Bem, pode não ser uma má ideia! Mas na verdade estou pensando em Provérbios 15:1. A melhor autodefesa contra a ira é uma resposta branda e graciosa quando diante de palavras duras ou cortantes. Quando você responde de forma graciosa, a primeira coisa boa que acontece é que você não está reagindo com ira — o que seria pecado —, e dois erros nunca produzem um acerto. A segunda coisa boa que ocorre é que você não está acrescentando combustível à ira da outra pessoa. Lembre-se: Quando um não quer, dois não brigam. Siga o conselho deste pequeno poema:

> Ajuda-me a guardar os meus lábios, ó salvador —
> Mantém-me doce quando vier forte tentação;
> Dando aos outros respostas "brandas",
> "O orgulho engolindo" com mansidão.[2]

A ira é uma decisão. "A discrição do homem o torna longânimo, e sua glória é perdoar as injúrias" (Provérbios 19:11). Esse versículo destaca a "glória" (indicando beleza como adorno) do autocontrole e os seus benefícios em comparação à repercussão e destruição

---

[2] DeHaan, M. R.; Bosch, Henry G., editor e coautor. *Bread for Each Day — 365 Devotional Meditations*, 1980, 28 de maio.

garantidas causadas pelos rompantes de ira. A Bíblia ensina que a cólera (diferente da ira justa) é um erro e contraproducente. Mais importante do que isso é que Deus fala que a ira é pecado. Por isso, nada de bom pode vir da ira. Ela resulta em más consequências e pode produzir mágoas, relacionamentos rompidos, violência física — e mais.

Uma mulher de discrição — uma mulher com bom senso — sabe controlar o seu temperamento. Ela sabe e concorda com a Palavra de Deus que a ira é pecado. Ela aprendeu a ser "tardia para se irar" e não sucumbir à raiva e explosões. Ela descobriu, como afirma esse provérbio, que deve "perdoar as injúrias" com humildade e graciosidade quando alguém errar com ela.

Quando mostramos paciência com os outros e decidimos "perdoar as injúrias", estamos agindo como Deus ao escolhermos demonstrar misericórdia e compaixão, e estendemos graça aos outros. Não precisamos ir às vias de fato em confrontação sobre cada pequeno acontecimento ou "injúria". A vida diária não é uma aula de debate ou um torneio de luta esportiva. Em vez disso, podemos orar pelo transgressor. Em misericórdia e compaixão, podemos nos perguntar: "O que está se passando na vida dessa pessoa? O que a faz agir assim, falar desse jeito, dizer isso?"

Lembre-se de que dois erros nunca produzem um acerto. Se alguém a provocar (erro da pessoa), você poderá revidar, discutir e acusar (erro seu)... ou tem a possibilidade de deixar passar com honra e graça. Escolha as suas batalhas. Poucas coisas na vida são dignas de uma guerra.

Sabedoria de Deus para o seu dia

Ao iniciar o seu novo dia, tenha consciência de que este é um dia no qual o seu Pai celestial deseja que você viva como representante dele. Este dia também conterá diversas provações e tentações que podem fazer a ira surgir. Ao fazer a sua "oração de bom dia" a Deus, diga a ele que o seu desejo é não sucumbir à ira hoje. Peça que ele dê auxílio e graça a você. Converse com ele a todo minuto, a cada tarefa e durante todas as provações, surpresas, encontros difíceis, mudanças de planos e fracassos. O seu objetivo — apenas para hoje — é não sucumbir à ira.

A ira é uma emoção perigosa que está sempre pairando logo abaixo da superfície. É como Deus alertou a Caim: "Eis que o pecado jaz à porta; o seu desejo será contra ti, mas a ti cumpre dominá-lo" (Gênesis 4:7). Minha amiga, o pecado da ira jaz à *sua* porta; o desejo dele será contra *você*, para pegar *você*, controlar *você*. Mas como Deus instruiu, *você* pode e deve dominar a ira...

- Livrando-se da ira (Colossenses 3:8 e Efésios 4:31,32);
- Permanecendo sob controle (Provérbios 29:11).
- Sendo rápida para ouvir, tardia para falar e tardia para se irar (Tiago 1:19,20).
- Respondendo com uma palavra branda e suave (Provérbios 15:1).
- Recorrendo a Deus para obter o fruto do seu Espírito — paciência e domínio próprio (Gálatas 5:22,23).

Quando tiver alguns minutos...

- O que estas passagens falam sobre a ira?
  Provérbios 14:29
  Provérbios 16:32
  Tiago 1:19,20

20 OBTENDO TODO CONSELHO QUE PUDER

Aconselhamento

> Os planos mediante os conselhos têm bom êxito;
> faze a guerra com prudência.
>
> PROVÉRBIOS 20:18

uma oração

Prostro-me diante de ti, Senhor, reconhecendo que haverá dificuldades no meu caminho e surgirão problemas todos os dias. Quero realmente lidar com os desafios de hoje à tua maneira — de modo piedoso. Peço a tua ajuda hoje — para não me inflamar e reagir às pessoas e aos problemas, mas fazer uma pausa diante de ti e buscar agir como me ensinas na tua Palavra. Tu me instruíste a não confiar no meu próprio entendimento, mas reconhecer e recorrer a ti para obter direção — e te louvo por teres prometido que guiarás o meu caminho. Isto, ó Pai, é o que desejo hoje: esperar em ti e na tua direção um passo de cada vez, uma provação de cada vez. Eu te agradeço de coração. Amém.

É extremamente fácil receber conselho quando você não sabe muita coisa. Mas fica muito mais difícil aceitar conselhos quando você acha que sabe tudo. Bem, preciso relatar que, quando bebê na vida espiritual, buscar e receber aconselhamento veio de forma natural, porque eu sabia que não sabia nada. Na verdade, procurei mulheres sábias e maduras que se deleitaram em me dar orientação para os meus papéis de mulher, esposa e mãe. Como compartilhei anteriormente, fui abençoada por Deus ter levado a nossa família até uma igreja com uma grande quantidade de "mulheres mais velhas" como as mencionadas em Tito 2:3-5 — mulheres que podiam me dar conselhos espirituais. A contribuição e orientação que recebi delas deram um impulso à minha vida espiritual e têm me sustentado há mais de três décadas. Isso acontece porque o que elas compartilharam comigo era tirado da Bíblia. Era a Palavra de Deus — conselhos baseados nos padrões de Deus.

A necessidade de bons conselhos

Um problema com a busca de conselhos é saber que há dois tipos de conselhos por aí: bons e maus conselhos... ou, o que é pior, conselhos malignos.

Por exemplo, quando Roboão se tornou rei, pediu conselhos aos anciãos de Israel — homens piedosos e experientes que haviam aconselhado Salomão, o homem mais sábio da sua época. Em seguida, Roboão buscou a opinião dos jovens com quem havia crescido. No fim, o rei Roboão rejeitou a sabedoria dos anciãos e aceitou o conselho insensato dos seus amigos, parceiros e colegas.

O resultado do "mau" conselho dos amigos não tão sábios de Roboão foi épico: fez o reino se despedaçar, ser dividido, e os dois grupos adversários foram à guerra (consulte 1Reis 12:1-15).

Provérbios deixa claro que a pessoa que não busca conselhos é insensata. O livro também fala que a pessoa sábia é aquela que busca aconselhamento com as pessoas certas — com aquelas que são sábias: "O caminho do insensato aos seus próprios olhos parece reto, mas o sábio dá ouvidos aos conselhos" (Provérbios 12:15).

Sete passos de sabedoria

O livro de Provérbios fala repetidas vezes que nós devemos ter como hábito buscar conselhos antes de tomar uma decisão ou fazer algo de que possamos nos arrepender mais tarde. Mas o aconselhamento — o conselho correto — é apenas um passo que você dá durante o processo de traçar o seu caminho, tomando as melhores decisões possíveis. Assim como todos os cristãos, você já enfrentou e vai enfrentar provações, emergências, surpresas, desilusões, contratempos e tragédias de todos os tamanhos sobre as mais variadas questões.

Com o tempo, criei o que gosto de chamar de "Sete passos de sabedoria" para tomar as minhas decisões. Esses sete passos vêm da Palavra de Deus. Foram resultado de aprender com erros e más decisões que tomei em razão de ter pulado um — ou todos! — esses passos. Desde então, essa lista tem me guiado a cada passo do caminho quando me lembro de segui-la.

Deus tem sabedoria para toda situação e cada escolha que o seu povo precisa fazer. Seguir esses passos vai ajudá-la, também, a definir e aceitar o tipo certo de conselho.

1o Passo: Pare!

Geralmente, a primeira resposta da maioria das pessoas quando acontece algo chocante, doloroso ou totalmente surpreendente é reagir. A nossa tendência natural é revidar, replicar, reagir, estourar, nos abater, chorar ou jogar as mãos para o alto e desistir. É óbvio que um primeiro passo em direção à sabedoria é perceber que qualquer uma dessas reações é uma dica de que estamos lidando mal com a nossa situação ou prestes a fazê-lo!

Então, antes de fazer qualquer coisa, simplesmente pare. Permita que eu acrescente, pare depressa. Logo. Imediatamente. Dois versículos nos dão este conselho: "Peca quem é precipitado" (19:2) e "O coração do justo medita o que há de responder, mas a boca dos perversos transborda maldades" sem pensar (15:28).

Quando refreia esses tipos de resposta e reação, e faz uma parada brusca, você ganha algum tempo — mesmo que sejam apenas alguns segundos — para considerar a sua situação e como lidar com ela.

2o Passo: Espere

Parar e esperar podem se fundir, porque essas duas ações fluem de forma muito natural uma para a outra. Uma vez que você para antes de fazer (ou dizer) alguma coisa, você ganha tempo para começar o processo de decidir fazer algo — espera-se que a coisa certa — ou talvez não fazer nada.

Esperar antes de agir ou reagir também faz que você ganhe tempo para tomar uma decisão real.

Aguardar traz o tempo necessário para ser uma mulher de sabedoria que "medita o que há de responder" e o que vai dizer (Provérbios 15:28).

O ato de esperar dá tempo para respirar fundo — tanto com os seus pulmões quanto com a sua alma enquanto emite uma oração a Deus — a fim de poder responder como a mulher de Provérbios 31 fazia: "Fala com sabedoria, e a instrução da bondade está na sua língua" (v. 26).

3o Passo: Pesquise as Escrituras

No capítulo 1 de Provérbios, Deus diz: "O temor do Senhor é o princípio do saber" (v. 7). Por isso devemos sempre recorrer primeiro a

Deus para obter a sua sabedoria. A Palavra de Deus, a Bíblia, contém toda a sabedoria de que você precisa e tem as respostas necessárias para lidar com toda e qualquer situação. É como Eclesiastes 1:9 declara: "Nada há, pois, novo debaixo do sol".

Depois de parar e esperar, podemos perguntar: "O que a Bíblia diz?" O seu ato inicial é recorrer à Palavra de Deus. Depois, você pode ir atrás de pessoas que possam apoiá-la, orar por você, aconselhá-la e orientá-la com relação à vontade de Deus.

Uma bênção de ler a Bíblia com fidelidade e regularidade é que você começa a conhecer os princípios de Deus para administrar os problemas antes que eles aconteçam. Então, quando você para, espera e logo pergunta ou pensa: "O que a Bíblia diz sobre esta situação?", você pode folhear mentalmente as páginas da Bíblia. É incrível como provavelmente as respostas do Senhor virão à tona. É como Tiago 1:5 recomenda: Se precisar de sabedoria, "peça-a a Deus, que a todos dá liberalmente e nada lhes impropera; e ser-lhe-á concedida".

4º Passo: Ore

Depois de ter pesquisado as Escrituras e revisado o que a Bíblia diz sobre a sua situação, fale com Deus em oração. Quando se coloca na presença de Deus em oração, você pode admitir para ele o seu orgulho ferido, o seu temor, a sua ira, angústia e outras emoções que giram ao seu redor enquanto procede para encontrar a solução dele. Por meio da oração, você reconhece a capacidade de Deus para lhe dar a direção dele para a sua decisão ou reação enquanto você segue os princípios destes versículos tão amados, testados e verdadeiros — para mim — de Provérbios 3:5,6:

> Confia no Senhor de todo o teu coração e não te estribes no teu próprio entendimento. Reconhece-o em todos os teus caminhos, e ele endireitará as tuas veredas.

Foi isso o que aconteceu com Neemias. Quando Neemias foi inquirido pelo rei face a face e teve receio pela sua vida, ele orou a Deus. Antes de proferir uma única palavra ao rei, Neemias dedicou tempo para lançar uma oração ao céu. Ele orou ao Deus dos céus — e de imediato respondeu ao rei (consulte Neemias 2:1-8). Neemias orou no momento, buscando a sabedoria de Deus, e a recebeu — em segundos! Assim, o rei pagão lhe deu tudo o que ele pediu para organizar o povo de Deus a fim de reconstruir o muro em volta de Jerusalém.

Assim como Neemias, lance as suas "flechas de oração" a Deus onde você estiver e espere a resposta. Ele responderá e fará o seu caminho — o seu próximo passo, palavra ou decisão — ser direto e claro.

5º Passo: Busque conselhos

A maior parte do conteúdo de Provérbios trata de ser sábio e buscar conselhos.[1] Existe uma boa razão para a busca de conselhos ser o quinto passo. Por exemplo, se "buscar conselhos" fosse o segundo passo, seria fácil você reagir de forma emocional, porque não "esperou", "pesquisou as Escrituras" nem "orou". Essas omissões podem resultar em buscar o tipo errado de conselhos ou aceitar direção das pessoas erradas. Como Roboão, você poderia rapidamente escolher buscar conselho com quem sabe que confirmará o que você pensa e o que você quer que aconteça.

Reflita sobre isto: um ente querido, uma melhor amiga ou uma colega de trabalho não crente que vê o seu estado emocional pode, por causa da própria emoção dele ou dela, confirmar o que você quer fazer, o que pode não ser bíblico. Quando para, espera, pesquisa as Escrituras e ora, nesse caso você está pronta para avaliar o conselho que outras pessoas dão a você com o coração aberto e ordem correta de referência — a de Deus.

---

[1] Consulte Provérbios 12:15; 20:18; 11:14; 15:22.

Aqui estão alguns bons conselhos que as minhas mentoras mais antigas me passaram: Se você é casada, certifique-se de repassar a sua decisão ou dilema com o seu marido antes de falar com qualquer outra pessoa. Descubra o que ele quer ou não que você faça. Vocês dois são uma só carne e ele é o seu "cabeça", o seu líder, a pessoa responsável por você diante de Deus. Leve as opiniões e decisões dele em conta neste passo, antes de seguir para o próximo e tomar uma decisão.[2]

6º Passo: Tome uma decisão

Depois de ter dado os primeiros cinco passos, existe uma chance muito maior de a sua decisão ser baseada nas Escrituras e na sabedoria, com tempo e oração — e não emoção. Você pode prosseguir, porque seguiu o conselho de Provérbios 16:3: "Confia ao Senhor as tuas obras, e os teus desígnios serão estabelecidos".

Para acalmar a sua mente, compreenda que esse processo às vezes levará segundos, minutos, horas, dias... ou até meses. Você quer fazer o seu melhor para saber qual a coisa certa a fazer... antes de fazer qualquer coisa. É sempre possível pedir à pessoa tempo para orar, analisar, conversar com o seu marido, buscar conselhos. O resultado final que você está buscando é saber que fez tudo o que podia para tomar uma decisão boa e firme. O seu objetivo é como Romanos 14:5 diz: "Cada um tenha opinião bem definida em sua própria mente".

7º Passo: Aja de acordo com a sua decisão

Você cumpriu com a sua tarefa de parar antes de pecar ou meter os pés pelas mãos; esperou com paciência e devoção; buscou o conselho de Deus por meio da sua Palavra, da oração e depois de pessoas

---

[2] Consulte 1Coríntios 11:3; Efésios 5:22,23; Colossenses 3:18; 1Pedro 3:1.

piedosas; definiu o que acredita ser direção de Deus para lidar com o seu problema. Agora é hora de agir.

Tenha coragem! Você pode agir com ousadia e avançar com segurança, sabendo que consultou o Pai a cada passo do caminho. A maior das bênçãos é que você pode confiar nele para receber paz e orientação no caminho dele — ou para conduzi-la em uma direção diferente. É como Deus promete, quando confiarmos nele — e não no nosso próprio entendimento —, ele dirigirá o nosso caminho.

Como você bem sabe, não se passa um só dia em que não precisemos tomar decisões — talvez até uma decisão por minuto! Ter um plano é de grande importância quando o caos surge. O esforço para conseguir cumprir os primeiros seis passos é um plano que nos traz até o sétimo passo: Aja de acordo com a sua decisão.

Sabe de uma coisa? Pode ser que você também precise de um plano quando emitir a sua decisão! Por exemplo: O que você vai dizer? Como vai agir? Qual será o seu primeiro passo? Você precisa ensaiar?

Faça como um general marchando para a guerra, dê início à sua missão e avance com o seu planejamento. O general — e presidente — Dwight D. Eisenhower dirigiu o Exército americano e os Estados Unidos da América com este lema: "Antes da batalha, o planejamento é tudo".

Sabedoria de Deus para o seu dia

O nosso versículo para este capítulo sobre a aquisição de todo conselho possível nos instruiu que "os planos mediante os conselhos têm bom êxito; faze a guerra com prudência" (Provérbios 20:18). É provável que você coloque a sabedoria desse provérbio em ação toda manhã, enquanto consulta a sua agenda para o dia e depois faz uma lista de tarefas para ajudá-la a atender e administrar o que for surgindo. Essas mesmas práticas de preparar (fazer as suas listas) e de guerrear (avançar para tratar dos seus projetos) são a forma como administraremos os nossos dias e a nossa tomada de decisão. As nossas ações são "preparar" e "guerrear", mas a preparação inclui consultar outras pessoas para que as nossas batalhas sejam travadas somente depois de obtermos direção.

Já que você deseja fazer a vontade de Deus hoje, estenda as mãos ao céu pedindo sabedoria e orientação, venha o que vier! Adquira toda sabedoria possível — da Palavra de Deus, de pessoas piedosas e por meio da oração. Deus dirigirá o seu percurso — e a Palavra dele iluminará a sua trajetória a cada passo do caminho.

21 Planejando – e vivendo – o seu dia à maneira de Deus

Gestão pessoal

> Os planos do diligente tendem à abundância,
> mas a pressa excessiva, à pobreza.
> PROVÉRBIOS 21:5

Uma oração

Pai do tempo e de toda a sabedoria, eu venho a ti neste momento buscando descobrir a tua sabedoria para o meu dia. Ao refletir sobre a oração de Moisés: "Ensina-nos a contar os nossos dias", sou lembrada da brevidade da minha vida e da importância do dia singular que se apresenta diante de mim. Com esperança no meu coração, querido Senhor, peço o teu auxílio para fazer este dia contar. Que eu entre neste dia com um plano inicial. Que eu o viva aproveitando o máximo possível! Que eu abençoe aqueles que tu dirigires a cruzarem o meu caminho. Que escolha cuidar das coisas que mais importam para ti e aos teus propósitos, ó Pai. Guia-me com a tua sabedoria enquanto me esforço para viver este único dia para ti, em ti e na tua força e graça. Amém.

Já compartilhei que comecei a ler Provérbios diariamente no dia 19 do mês. Bem, dois dias depois esbarrei com Provérbios 21:5. Eu estava tentando fazer a minha leitura diária de Provérbios cedo a cada manhã. Nesse dia, não consigo lembrar o que aconteceu na noite anterior (uma filha doente, um ente querido com quem eu estava preocupada, alguma conta que precisava ser paga), mas, quando cheguei a Provérbios 21, eu estava lutando com a leitura por estar desanimada de cansaço.

Preciso dizer que a primeira vez em que li Provérbios 21:5 foi como um toque de despertar! Se eu estava um pouco cansada, puf... foi embora. O meu coração acelerou ao máximo e a minha caneta entrou em ação. Na margem bem branquinha da minha Bíblia nova, marquei "GT" — uma anotação que indicava que eu tinha encontrado um princípio sobre "gestão de tempo".

A minha vida virou de cabeça para baixo, em um bom sentido, quando comecei a marcar todo e qualquer princípio sobre gestão do tempo na minha Bíblia com "GT". Sendo uma cristã recém-convertida, comecei a me dar conta de que Deus tinha um propósito, uma direção e um plano para a minha vida — e eu precisava de um planejamento para me ajudar a aderir ao plano dele.

Eu estava entusiasmada e muito motivada para crescer espiritualmente, mas também estava terrivelmente frustrada. Ao ler a Bíblia a cada dia, eu estava aprendendo o que Deus queria para mim nos meus papéis de esposa, mãe e (ui!) "dona de casa", mas eu não sabia como dar início ou por onde começar. Era como se eu tivesse um elefante imenso em casa e não soubesse como me livrar dele — ou sequer como contorná-lo!

O versículo 5 de Provérbios 21 me deu uma excelente indicação sobre como enfrentar a assustadora tarefa de não apenas crescer na fé cristã, mas também administrar as minhas responsabilidades como mulher cristã. É como diz a piada: "Você sabe como se come um elefante?" "Não." Resposta: "Com uma mordida de cada vez!" É isso o que o versículo 5 estava me encorajando a fazer. Eu precisava planejar como encararia e me livraria daquele elefante tão grande e assustador. Teria que ser com uma mordida — um plano, uma ação, um dia — de cada vez.

Você acredita? Em apenas três dias de leitura de Provérbios, eu tinha um planejamento para a minha vida... pelo menos para o meu dia: eu precisava desenvolver habilidades para administrar o meu tempo! Eu não teria condição de fazer todas as coisas para administrar a minha vida e a minha casa, mas poderia planejar e conseguiria fazer *algumas* coisas, com esperança de que fossem as importantes. Tudo começa com um planejamento sábio. É como o versículo diz: "Os planos do diligente tendem à abundância".

como provérbios pode ajudá-la a fazer planos para ser bem-sucedida

Ao longo da Bíblia, especialmente do livro de Provérbios, você verá dois tipos de pessoas e mulheres contrastadas, que também podem ser observadas na vida diária. O primeiro grupo é formado por quem não planeja. Essa pessoa pode pensar que tem planos, mas na realidade o que ela tem é uma porção de sonhos e poucos planos, se é que existe algum. Ela fica à deriva a cada dia, permitindo que o dia se desenvolva e se torne um plano por si só. Ela passa o dia pulando de galho em galho e fica imaginando por que não chega a lugar algum. Quando vai para a cama, ela está muito mais atrasada do que quando acordou. Ela andou para trás!

Então existe o segundo tipo de pessoa — a mulher sábia que é apresentada em muitos provérbios, em especial a mulher excelente de Provérbios 31. Eu soube de imediato que esse era o tipo de mulher que eu precisava me tornar: organizada, disposta e entusiasta, ativa e produtiva — amando cada minuto de tudo isso! E — é difícil de acreditar — ela realmente faz tudo isso sem a futilidade da ira e da frustração, ou os lamentos de autocomiseração!

Até esse dia memorável em que descobri os princípios de Provérbios 21, eu estava fracassando no meu lar e tinha desenvolvido alguns maus hábitos e atalhos que levavam a uma casa que mais parecia uma pocilga. De repente, uma pequena faísca do meu coração começou a desejar concentrar a minha vida em seguir a vontade de Deus. Percebi que eu queria assumir a responsabilidade dos meus papéis de esposa, mãe e o mais recentemente indicado de "gerente do lar". Comecei a desejar ser mais como o meu Mestre e Salvador, que fazia "tudo esplendidamente bem" (Marcos 7:37). Estabeleci como propósito naquele dia que aprenderia como vivenciar o plano de Deus para mim como mulher — cuidar do meu lar, fazer que a minha família fosse uma prioridade.

Ao ler a cada dia, descobri que havia mais — muito mais! — coisas que eu poderia aprender com esse livro sobre planejar e viver cada dia à maneira de Deus, tais como:

Fazer planos aumenta a qualidade do seu dia. "Os planos do diligente tendem à abundância, mas a pressa excessiva, à pobreza" (Provérbios 21:5). Sendo recém-convertida aos 28 anos de idade, eu estava muito fora do padrão. Eu estava casada havia oito anos, tinha duas filhas e não tinha a menor ideia das implicações práticas da minha nova vida em Cristo. Eu estava tentando atirar para todos os lados ao mesmo tempo!

Quem sabe você consiga perceber a minha frustração e talvez tenha a mesma sensação de vez em quando. Mas, depois de ler o versículo 5, compreendi que é melhor gastar um pouco de tempo fazendo planos do que desperdiçar tempo com algo que não imaginei. Ao começar a planejar, identifiquei os recursos que Deus me dava para trabalhar. Eu tinha o apoio do meu marido fantástico (afinal de contas, talvez ele conseguisse produzir roupa limpa e um jantar gostoso com essa empreitada). Em adição a isso, eu estava cercada por um corpo de mulheres piedosas dispostas a ajudar mulheres como eu a crescer na vida espiritual. E o mais importante é que eu tinha a minha Bíblia — a minha preciosa Bíblia formidável!

Quando comecei a planejar de forma diligente cada dia com esse princípio, obtive progresso instantâneo e já comecei a experimentar resultados positivos imediatos! É como Provérbios 21:5 diz: "Os planos do diligente tendem à abundância".

Fazer planos deve incluir Deus. "O cavalo prepara-se para o dia da batalha, mas a vitória vem do SENHOR" (Provérbios 21:31). É importante ter planos; então planeje feito louca e faça planos aos montes! Mas tenha em mente que, sem a contribuição de Deus, você pode acabar trabalhando contra a vontade do próprio Deus. Coloque os desejos de Deus como centro do seu planejamento. Recorra a ele para obter sabedoria. Busque o coração e a direção dele. Assim como esse versículo fala, prepare o seu plano de batalha, mas certifique-se de consultar Deus por meio da Palavra dele e da oração para que você possa participar da vitória do Senhor. A passagem de Provérbios 16:3 confirma esse mesmo princípio: "Confia ao SENHOR as tuas obras, e os teus desígnios serão estabelecidos".

Fazer planos envolve pessoas. "Os planos mediante os conselhos têm bom êxito; faze a guerra com prudência" (Provérbios 20:18). Ou, como outra tradução afirma: "Não siga em frente com os seus planos sem o conselho de outras pessoas".[1]

É como esse versículo diz, faça as suas listas do que precisa ser feito e então crie um plano para o dia de hoje. O seu próximo passo é definir quais atividades e projetos da sua lista são os mais importantes. Então seja sábia: busque conselhos e aconselhamento com outras pessoas. O que o seu marido gostaria de vê-la realizar hoje? O que

---

[1] *Life Application Bible — The Living Bible.* Wheaton, IL: Tyndale House Publishers, Inc., 1988, p. 946.

ele acha que é essencial para a sua família? Quem você conhece que seja especialista nas áreas em que precisa de ajuda, conselho ou conhecimento? Elabore um plano, busque conselho com outros e então envolva as pessoas que você precisa para cumprir o seu plano. Em outras palavras, crie o seu time. É sempre possível começar com: "O que as crianças podem fazer para ajudar?"

No capítulo 20, conhecemos Neemias e aprendemos a importância da oração antes da tomada de decisões. Neemias também era um planejador. Sendo apenas um, ele não conseguiria fazer muita coisa, mas, quando planejou e envolveu o povo de Jerusalém, eles realizaram o que outros não foram capazes de fazer em mais de noventa anos: eles reconstruíram o muro em volta da cidade de Jerusalém em apenas 52 dias! Com um plano sólido, conselho e aprovação dos outros, as pessoas na sua vida — a sua família, os seus amigos, membros da sua igreja e outras mulheres — podem se tornar um exército poderoso.

Fazer planos pode afastar a preocupação. "No tocante à sua casa, não teme a neve, pois todos andam vestidos de lã escarlate" (Provérbios 31:21). A vida era árdua nos tempos bíblicos. Se essa esposa e mãe não fizesse planos para o inverno, a sua família passaria frio e fome. É possível que você não seja confrontada pela ameaça do clima com invernos rigorosos, ou de fome para a sua família, mas o futuro é repleto de incertezas. Você pode se preocupar com o futuro ou pode fazer planos para o futuro — seja poupando dinheiro para a faculdade, aparelhos dentários ou uniformes dos seus filhos, ou planejando como vai conseguir pagar o aluguel no mês que vem ou a prestação do carro.

Planejar para amanhã é tempo bem gasto, enquanto preocupar-se com o amanhã é tempo mal usado — e pecado contra Deus, que prometeu que "há de suprir, em Cristo Jesus, cada uma de vossas necessidades" (Filipenses 4:19). É como outro versículo fala sobre Deus, que ele "é poderoso para fazer infinitamente mais do que tudo quanto pedimos ou pensamos" (Efésios 3:20). A preocupação não acredita que Deus possa ajudar, mas o planejamento diz que, com o auxílio de Deus, "tudo posso naquele que me fortalece" (Filipenses 4:13). Não permita que as suas preocupações com o amanhã a impeçam de fazer planos, confiar em Deus e desfrutar da sua provisão para hoje... e para todos os seus amanhãs.

Fazer planos é ficar vigilante. "Atende ao bom andamento da sua casa e não come o pão da preguiça" (Provérbios 31:27). A mulher sábia é uma exímia planejadora de todos os aspectos da sua vida e da vida doméstica. Ela é a administradora do lar, do seu tempo e do seu trabalho. Só de pensar no que está em jogo, toda mulher deveria ser agressiva no planejamento para o bom andamento do seu lar.

Sendo uma mulher vigilante, você deve montar guarda, cuidando com atenção dos detalhes diários do seu lar, doce lar. Essa vigilância a ajudará a cumprir o seu papel divino como supervisora do seu lar — o lugar onde você e os seus amados vivem. Com o coração fixado no tipo de beleza e ordem para o seu lar que Deus aprecia, algumas boas habilidades para administrar o tempo e um plano para cada dia, pela graça de Deus você pode administrar tudo o que a vida fizer surgir em seu caminho.

Sabedoria de Deus para o seu dia

No início deste capítulo, fiz uma afirmação: "Eu não teria condição de fazer todas as coisas [...], mas poderia [...] fazer *algumas* coisas". Em outras palavras, eu precisava aprender e praticar a "negligência planejada". Deixe-me explicar.

Lembro-me de haver recortado um artigo do jornal *Los Angeles Times* sobre um concertista de piano que foi questionado sobre o segredo do seu sucesso. Ele respondeu: "Negligência planejada". Então relatou como começou a estudar piano. Ele era jovem, e muitas coisas o estavam tentando e atraindo a sua atenção e o seu tempo. Então a cada dia ele começava cuidando daquelas demandas que o atraíam. Assim sendo, depois de resolver todas essas outras coisas, ele voltava para a música, indicando que a música estava ficando com a sobra do seu tempo e energia. Mas um dia ele tomou a decisão de negligenciar de forma deliberada todo o resto até ter completado o seu tempo de ensaio. Esse programa de "negligência planejada" explicava o seu sucesso.

É a mesma coisa com você (e com toda a certeza posso dizer o mesmo de mim!). Você não tem condição de fazer tudo. Talvez (também como eu) tenha tentado ser tudo para todos e acabou fracassando em quase todas as frentes. Qual a solução? Desenvolva a estratégia do pianista e faça os pequenos ajustes necessários, diariamente. Planeje negligenciar projetos, questões, atividades e distrações não prioritárias a fim de completar e administrar bem aqueles papéis e responsabilidades que são os mais importantes de verdade. Então veja o que você pode fazer com menos itens na sua lista.

Quais são as poucas áreas da sua vida mais importantes aos olhos de Deus? Você é casada? Tem filhos? Tem os seus pais vivos? Tem irmãos? É dona de casa? Então essas são áreas em que o seu planejamento é mais essencial. Essa é a *sua* família concedida por Deus — uma mordomia e prioridade dada por ele a você. O que pode planejar fazer hoje para enriquecer a vida daqueles que estão mais próximos de você?

22 Instruindo a criança para Deus

Educação de filhos

> Ensina a criança no caminho em que deve andar, e, ainda quando for velho, não se desviará dele.
>
> PROVÉRBIOS 22:6

uma oração

Meu Pai celestial, tu és cheio de graça e verdade, e pai para o órfão. Sinto-me quebrantada por ser tua filha e poder te chamar Aba, Pai. Venho agora diante do teu trono de graça buscar a tua direção e instrução para criar os meus filhos. O desejo constante do meu coração é que eles te amem de todo o coração e te sigam de perto. Ah, como eu preciso da tua sabedoria! Todos os dias são recheados de decisões que precisam, e deveriam, ser tomadas por uma mãe que é cheia do teu amor, da tua paciência, mansidão, benignidade, bondade — e domínio próprio. Ensina-me a tua sabedoria para pastorear os meus filhos amados. Fortalece-me para fazer a tua vontade. Enche o meu coração com o teu amor pelos meus preciosos pequeninos. Amém.

COMEÇANDO COM MUITA DIFICULDADE

Quando compartilho o meu testemunho com o público, tento pintar um quadro dos meus primeiros anos de casamento com Jim e também como mãe há pouco tempo. Nos primeiros oito anos de casados e três anos educando as nossas filhas no escuro, nós líamos e buscávamos auxílio de toda e qualquer fonte. Não tínhamos princípios, diretrizes ou instruções sobre como construir o nosso casamento e sustentar uma família. Nós lemos praticamente todos os livros sobre criação de filhos que apareceram e assistimos a programas de entrevista na TV até não aguentarmos mais, na esperança de obtermos auxílio de mães, pais, psicólogos, educadores e especialistas — qualquer um que achasse que tinha algo a dizer sobre como ser pai e mãe. Matriculamo-nos na faculdade da comunidade para fazer o curso noturno sobre casamento e família. Testávamos tudo o que líamos, mas acabávamos vagueando até o próximo modismo que surgisse.

OBTENDO SOCORRO VERDADEIRO

Mas finalmente(!), com a nova vida em Cristo, as nossas Bíblias novas e o meu novo objetivo de ler Provérbios todos os dias, eu estava encontrando ajuda — de verdade — e esperança para a nossa pequena família. Quatro dias depois de começar a ler Provérbios, em 19 de outubro, eu me deparei com o versículo dos versículos para quem tem filhos, Provérbios 22:6: "Ensina a criança no caminho em que deve andar, e, ainda quando for velho, não se desviará dele".

Bradei em alta voz e depressa marquei esse versículo na minha Bíblia. Também fiz uma anotação com a letra "C" na margem, para "criação de filhos". Então fiz uma cópia em um cartãozinho e comecei a memorizá-lo. Pela primeira vez, em três anos como mãe, eu tinha orientação! Ainda melhor do que isso, eu tinha orientação de Deus! É desnecessário dizer que Provérbios 22:6 se tornou o meu "versículo da maternidade". O meu papel, e tarefa, como mãe estava claro e conciso: "Ensina a criança no caminho em que deve andar".

COMEÇANDO A CRIAR FILHOS À MANEIRA DE DEUS

O livro de Provérbios é uma mina de ouro de recursos para toda mãe! Ele tem uma abundância de instruções perfeitas e 100% sábias do Senhor para os pais. Aqui está só um pouco do que encontrei que me guiou a cada dia como mãe:

Focar no ensino e na instrução do seu filho. Ao longo de toda a Bíblia, em especial em Provérbios 22:6, existe a instrução e expectativa de que o pai seja fiel no ensino e na instrução de cada filho na Palavra de Deus e nos caminhos dele. "no caminho em que deve andar". Isso se faz por meio da instrução contínua nas coisas do Senhor e da disciplina amorosa e consistente durante os anos do seu filho em casa. Você deve instilar nele hábitos espirituais — hábitos para toda a vida que estão explicados de forma bem detalhada em Provérbios. O seu papel é ensinar a Palavra de Deus aos pequeninos, treiná-los no caminho em que devem andar e orar com fervor para que, pela graça de Deus, os seus esforços como mãe sejam incorporados com firmeza ao coração e à vida deles.

Focar na orientação. "O caminho do Senhor é fortaleza para os íntegros, mas ruína aos que praticam a iniquidade" (Provérbios 10:29). Aqui, o livro de Provérbios diz às mães que "o caminho do Senhor" é o caminho da sabedoria e da retidão. Essas verdades nos fornecem mais munição — e motivação — para garantir que ensinemos a Palavra de Deus aos nossos filhos. Eles só precisam conhecer os caminhos do Senhor! Então ensine com todas as suas forças, querida mãe! Não hesite. Seja ousada. Fale. Seja consistente e constante. Esteja em incessante oração enquanto vivencia o seu papel como mãe segundo o coração de Deus.

Focar no coração. "Sobre tudo o que se deve guardar, guarda o coração, porque dele procedem as fontes da vida" (Provérbios 4:23). Essas palavras foram ditas a um jovem e também devem ser frequentemente compartilhadas com os seus filhos. Jesus ampliou esse conceito em Mateus 12:34, quando disse: "A boca fala do que está cheio o coração". De acordo com Jesus e Provérbios 4:23, a atitude do coração da criança dirige o comportamento dela. Por isso, a sua instrução e disciplina devem abordar as atitudes do coração do seu filho. Concentre-se na transformação do coração — atitude — do seu filho, e não meramente na mudança dos seus atos externos. Você deve ser um cirurgião cardíaco, e não um sargento.

Não evitar a disciplina. "A vara e a disciplina dão sabedoria, mas a criança entregue a si mesma vem a envergonhar a sua mãe" (Provérbios 29:15). Sim, como mães, precisamos disciplinar e tratar o coração do nosso filho. Mas, como esse versículo afirma, a disciplina física faz parte do processo de treinamento e moldagem do coração do seu filho aos padrões de Deus. Existem mais provérbios que abordam a prática da fidelidade na disciplina dos filhos. Não deixe de observar as razões que Deus dá e a motivação por trás da continuidade na disciplina:

- Discipline o filho a quem você quer bem (Provérbios 3:12).
- Discipline com diligência o filho que você ama (13:24).
- Discipline enquanto existe esperança (19:18).
- Discipline para purificar o coração da criança (20:30).
- Discipline a criança no caminho em que deve andar (22:6).
- Discipline a estultícia do coração da criança (22:15).

Visivelmente, a Bíblia ensina que amar o filho é discipliná-lo. Esse não é um conceito fácil de assimilar e com certeza não é simples ou agradável levá-lo adiante (ao menos para mim não foi). Mas descobri que, ao seguir os mandamentos de Deus, para a minha admiração, as minhas meninas começaram a responder à minha orientação e instrução. Como mãe, você precisa confiar que o que Deus está pedindo de você é o melhor para os seus filhos e a educação deles. Sei por experiência que a disciplina consistente, fiel e amorosa funciona.

Vivenciar o que está ensinando. "Dá-me, filho meu, o teu coração, e os teus olhos se agradem dos meus caminhos" (Provérbios 23:26). Esse é um versículo assustador para mim como mãe, porque significa que devo ser modelo do que estou ensinando aos meus filhos... em vez de dizer: "Faça o que eu digo, mas não faça o que eu faço". O apóstolo Paulo falou que os outros cristãos deveriam ser "meus imitadores, como também eu sou de Cristo" (1Coríntios 11:1). A nossa vida em casa, vivida de acordo com os ensinamentos e exemplo de Cristo, deveria fornecer um "livro de colorir" ou um "livro de cópia" para os nossos filhos para guiá-los. Eles terão algo para poder seguir, copiar, tracejar por cima, usar — e confiar — como padrão espiritual para a vida deles.

Aqui está um poderoso poema que retrata os nossos filhos como pequenos imitadores. Ele nos oferece muito sobre o que refletir como mães!

> Em uma [mãe] cautelosa preciso me constituir,
> Um pequenino está a me seguir.
> Não ouso do caminho me desviar,
> Por medo de que nesse mesmo rumo ele possa se lançar.
>
> Não há como dos seus olhos escapar;
> Tudo o que me vê fazer, ele quer tentar,
> Diz que como eu ele será,
> Esse sujeitinho que está a me observar...
>
> Devo ter sempre a recordação:
> Seja no frio do inverno, seja no calor do verão,

Estou moldando para os anos por vir —
Aquele sujeitinho que está a me seguir.[1]

Desfrutar do resultado dos seus esforços. "Corrige o teu filho, e te dará descanso, dará delícias à tua alma" (Provérbios 29:17). Existe um princípio importante nesse versículo: A criança que é disciplinada e instruída nos caminhos do Senhor dará paz e prazer à alma dos pais.

Geralmente, é mais provável que a criança criada na disciplina e na instrução do Senhor continue nos caminhos de Deus quando adulta. Embora a fé e a piedade dos filhos sejam em última instância obra do Espírito Santo, Deus usa a influência dos pais para causar um impacto positivo na vida dos filhos. Um grande exemplo disso é Jonathan Edwards, um poderoso pregador puritano do século 18.

Para documentar o legado de Jonathan e Sarah Edwards, A. E. Winship, um educador e pastor americano na virada do século 20, decidiu traçar os descendentes de Jonathan Edwards quase 150 anos depois da sua morte. Edwards e a sua esposa tiveram 11 filhos. O seu legado espiritual inclui: 1 vice-presidente dos Estados Unidos, 3 senadores norte-americanos, 3 governadores, 3 prefeitos, 13 reitores de faculdade, 30 juízes, 65 professores universitários, 80 funcionários públicos, 100 advogados e 100 missionários.

Ao mesmo tempo, Winship traçou a descendência de um contemporâneo de Edwards, um homem chamado Max Jukes (ou Juke). A sua pesquisa foi tão reveladora quanto a outra. O legado de Jukes apontou 42 homens diferentes no sistema prisional no estado de Nova York. A sua descendência inclui: 7 assassinos, 60 ladrões, 50 mulheres de vida promíscua, 130 condenados por outros motivos, 310 pobres (com mais de 2:300 anos vividos em abrigos para necessitados), 400 pessoas que foram arruinadas fisicamente por

---

[1] DEJONG, Benjamin R. *Unce Ben's Quotebook*. Grand Rapids, MI: Zondervan Publishing House, 1977, p. 142, não fornecido nome do autor.

conta de uma vida de indulgências. Foi feita a estimativa de que os descendentes de Max Jukes tenham custado ao Estado mais de 1:250.000 dólares naquela época.

Esse é um forte exemplo de como a liderança dos pais pode ter um efeito profundo sobre os seus filhos.

Educar filhos é uma ocupação extremamente exigente que requer o seu tempo e atenção 24 horas por dia, sete dias por semana, por cerca de vinte anos. Mas o exemplo de Jonathan Edwards e de sua esposa, Sarah, deve fazer você se sentir encorajada, porque os seus esforços com toda a certeza valem a pena quando os seus filhos "se levantam" e saem em público. Como mãe, a bênção máxima para você será testemunhar os seus filhos seguirem com a vida deles como adultos maduros, trazendo honra e glória a Deus — e "bendizendo" você não apenas verbalmente, mas com uma vida piedosa (Provérbios 31:28).

Haja o que houver, não desista da educação dos seus filhos. Continue sendo a melhor mãe que puder. Quando você não estiver enxergando os resultados que deseja, essa será a oportunidade para orar mais e estabelecer que continuará fazendo o que Deus pede de você como mãe — não desistir. Essa será uma ocasião favorável para confiar a Deus o fruto da sua fidelidade.

Quando faz uma parceria com Deus para criar os seus filhos, você tem a bênção e o benefício da Palavra dele para guiá-la — as instruções dele mesmo a você como mãe. Se Deus permitir, quando enviar os seus filhos adultos para o mundo, você estará lançando uma força em prol da justiça. A um mundo sob o domínio de Satanás, você estará entregando uma pessoa — um homem ou uma mulher — dedicada a Deus, que vive para Deus, representa Deus e se posiciona a favor de Deus — e... criará os seus filhos para Deus.

Sabedoria de Deus para o seu dia

Todos os pais e mães concordam e dizem um caloroso "Amém" quanto ao fato de não ser fácil criar filhos. Mas, mamãe, por favor, deleite-se nos seus filhos — hoje e sempre! Mais uma vez, não desista! Não saia procurando algum lugar para entregar o seu distintivo de mãe. Continue caindo de joelhos, suplicando o socorro de Deus e rogando pelo coração dos seus preciosos filhos. Prossiga arregaçando as mangas, assumindo o seu papel de mãe, abraçando a obra que Deus confiou a você de instruir uma criança para ele. Continue a se aprofundar na vida intensa da maternidade a cada novo dia.

Não posso deixar de falar mais uma vez: Assuma o seu papel de mãe. Saboreie-o! Deus pede que você, junto com o pai dos seus filhos — e mais ninguém —, crie os seus filhos para ele. Ele requer que você dê aos seus filhos o seu amor fervoroso, o seu coração, o seu tempo, o seu melhor, o seu tudo, o seu sangue, suor e lágrimas... e, acima de tudo, as suas orações — até exalar o seu último suspiro na terra.

23 ESCOLHENDO O QUE VOCÊ COME E BEBE

Saúde

> Quando te assentares a comer com um governador, atenta bem para aquele que está diante de ti; mete uma faca à tua garganta, se és homem glutão. Não cobices os seus delicados manjares, porque são comidas enganadoras.
>
> PROVÉRBIOS 23:1-3

uma oração

Ó tu que ouves a minha oração, eu te agradeço por habitares em mim com o teu Espírito Santo. Hoje te agradeço em especial, pois o fruto da minha união com o teu Espírito é o domínio próprio. Que hoje eu tenha moderação em todas as minhas escolhas, ó Senhor. Neste dia e em todos os outros que tu me concederes, desejo comer, beber e viver para a tua glória. Que eu valorize o meu corpo como templo teu e, assim sendo, faça somente o que trouxer honra ao teu nome, que é sobre todos os nomes. Mantém o meu coração sensível aos que têm fome e sede, e ajuda-me a buscar meios de auxiliar os que passam por privação e necessidade. Amém.

É provável que toda mulher já conheça este pequeno conselho para controlar as calorias: Não saia para comprar comida com o estômago vazio. Sei disso muito bem e, ainda assim, várias semanas atrás, por causa do tempo, fui forçada a passar em um supermercado no caminho de casa para pegar algumas coisas essenciais. Fazia algum tempo que eu ansiava por biscoitos com gotas de chocolate, mas permanecia firme na batalha para não pensar em fazê-los em casa. Mas, quando fiz a curva correndo em um corredor de comida e me dirigi à fila do caixa, vi de relance uma pilha de embalagens de massa de biscoitos com gotas de chocolate e — você acredita? — um daqueles pacotes acabou no meu carrinho!

Mais tarde, em casa, com avidez, olhei as instruções da embalagem enorme de massa de biscoitos para ver quanto tempo levaria para eu poder cravar os dentes em um biscoito quentinho. Depois de começar a preaquecer o forno, ousei ler a parte do rótulo que anunciava que cada biscoito tinha apenas 120 calorias. Ufa! Isso não era tão ruim.

Contudo, depois me dei conta (por experiências passadas) de que eu não conseguiria comer só um biscoito quentinho, especialmente se eu fizesse uma forma inteira cheia de biscoitos com 120 calorias cada. Então imaginei: se eu assasse todos os biscoitos representados pela massa naquela embalagem de uma só vez, qual seria o dano total que eu infligiria ao meu corpo? Eis as estatísticas da lateral da embalagem, que produziram um grito de pavor — "O quê? Que horror!" — dos meus lábios.

- 2.250 quilos de massa de biscoito com gotas de chocolate por embalagem.

- 81 biscoitos por embalagem.
- 120 calorias por biscoito.
- 9.720 calorias por embalagem.

Melhor comer à maneira de Deus

Deus está interessado em cada faceta da nossa vida diária. Afinal de contas, ele nos criou. Ele nos ama. Ele nos salvou e nos deu a vida eterna. Na verdade, ele se importa tanto conosco que até nos instrui na sua Palavra sobre os hábitos alimentares que maximizam a nossa saúde pessoal para maior utilidade e ministério aos outros. Quando colocamos em ação a sabedoria e o conhecimento de Deus com relação à nossa saúde, avançamos no sentido de criar um estilo de vida melhor — que glorifica e honra a Deus enquanto o representamos diante dos outros.

Antes de analisarmos uma porção de provérbios que dão orientação sobre essa área do dia a dia que é a alimentação, considere 1Coríntios 10:31. Este versículo sozinho é um guia espiritual para os nossos hábitos físicos de comer e beber. Aqui, o apóstolo Paulo nos instrui: "Portanto, quer comais, quer bebais ou façais outra coisa qualquer, fazei tudo para a glória de Deus". Esta é uma verdade notável, porque sendo crentes, deveríamos viver para glorificar a Deus. Esse versículo está dizendo que é possível glorificar e honrar ao Senhor pela forma como comemos e bebemos.

Uma declaração resumida bem conhecida e amada pelos crentes em Cristo diz assim: "O fim principal do homem é glorificar a Deus e desfrutá-lo para sempre".[1] Pense nisso! Você pode dar glória a Deus pela forma como você come e bebe todos os dias. Seguir algumas diretrizes encontradas em Provérbios mostra o meio de comer melhor e viver melhor — uma forma de glorificar a Deus.

---

[1] *O breve catecismo de Westminster.*

1ª Regra: Contenha-se, não se empanturre. "Quando te assentares a comer com um governador, atenta bem para aquele que está diante de ti; mete uma faca à tua garganta, se és homem glutão" (Provérbios 23:1,2). Esses versículos se referem a um teste que os governantes usavam para determinar que tipo de pessoa estava sentada à sua mesa. Quem comia demais expunha as falhas de caráter que são o excesso de indulgência e a falta de domínio próprio. Quem era sábio, no entanto, comia com moderação e comedimento, revelando por meio dessa ação externa os seus traços de caráter interior, que são sabedoria, domínio próprio, respeito e gratidão. Essa pessoa estava mais interessada no seu anfitrião do que na comida. Ela veio para ouvir, aprender e honrar o seu anfitrião — não para se empanturrar com a comida!

Você já pensou que os seus hábitos alimentares não são apenas um reflexo do seu caráter, mas também do seu relacionamento com Deus? Esses versículos dizem que comer sem controle como um glutão é tão grave que a pessoa que não consegue conter o apetite deveria "meter uma faca" na garganta.

2ª Regra: Não se associe com beberrões e comilões. "Não estejas entre os bebedores de vinho nem entre os comilões de carne" (Provérbios 23:20). Na Bíblia, tanto a bebedeira quanto a glutonaria são vistas como pecado. Só isso deveria ser motivo suficiente para evitarmos tais hábitos e comportamentos, assim como para fugir desse tipo de pessoa. Mas o capítulo 23 de Provérbios prossegue dando outra razão para nos afastarmos de tais companhias: "Porque o beberrão e o comilão caem em pobreza; e a sonolência vestirá de trapos o homem" (v. 21).

Além de pagar um preço físico — sonolência, preguiça, falta de raciocínio, vômito — por beber e comer demais (Provérbios 23:29-35), você paga um preço financeiro. Comer e beber demais exige muito dinheiro. O custo financeiro costuma ser a pobreza ou uma dívida enorme no cartão de crédito. Creio que não é dessa maneira que você quer gastar a sua vida e o seu dinheiro ganho arduamente. Mas muitas pessoas são assim e vão — como um comentarista intitulou Provérbios 23:19-21 — Da festança para os farrapos.[2]

3ª Regra: Coma apenas o suficiente. "Dá-me o pão que me for necessário; para não suceder que, estando eu farto, te negue e diga: Quem é o SENHOR? Ou que, empobrecido, venha a furtar e profane o nome de Deus" (Provérbios 30:8,9). Chamo esses versículos de minha oração do "apenas o suficiente". Os seus dizeres são como uma oração a Deus, pedindo que ele nos dê o alimento necessário e suficiente para nós. Colocando de outra forma, a pessoa que está orando pede a Deus: "Dá-me apenas o suficiente para satisfazer as minhas necessidades".[3] E por que é tão importante comer apenas o suficiente? A fim de que não nos satisfaçamos a ponto de nos saciarmos e esquecermos do Senhor, ou sejamos tentados a roubar comida quando não houver o suficiente. É óbvio que os extremos "de mais" e "de menos" afetam o nosso caráter e as nossas ações — e pior, o nosso relacionamento com Deus.

4ª Regra: Coma apenas o necessário. "Achaste mel? Come apenas o que te basta, para que não te fartes dele e venhas a vomitá-lo" (Provérbios 25:16). Saciar-se em excesso a ponto de vomitar nunca é agradável. Isso também nos rouba a própria comida que tem como intuito nos nutrir, fortalecer a nossa saúde, para cuidarmos das nossas muitas responsabilidades. Deus deseja que comamos somente o tanto de que precisamos. Para nos afastar do pecado da glutonaria, ele diz que precisamos simplesmente comer o que basta, comer para viver — não viver para comer.

5ª Regra: Não se deixe dominar por nada. "Espancaram-me, e não me doeu; bateram-me, e não o senti; quando despertarei? Então, tornarei a beber" (Provérbios 23:35). Eis o quadro trágico de uma pessoa bêbada: ela ficou viciada em álcool a ponto de ser espancada por outras pessoas a ponto de não sentir, saber ou se lembrar. Provérbios 23:29-35 é a série mais longa de versículos da Bíblia sobre

---

[2] KIDNER, Derek. *Provérbios*, p. 147.
[3] VAUGHAN, Curtis, ed. ger. *The Word: the Bible in 26 Translations*. Gulfport, MS: Mathis Publishers, Inc., 1991, p. 1246.

os efeitos da bebedeira. Ela começa fazendo seis perguntas: "Para quem são os ais? Para quem, os pesares? Para quem, as rixas? Para quem, as queixas? Para quem, as feridas sem causa? E para quem, os olhos vermelhos? A resposta? "Para os que se demoram em beber vinho, para os que andam buscando bebida misturada" (v. 30).

Séculos mais tarde, o apóstolo Paulo declarou: "Todas as coisas me são lícitas, mas eu não me deixarei dominar por nenhuma delas" (1Coríntios 6:12). "Todas as coisas" incluem tanto comida quanto bebida alcoólica. Paulo está dizendo que, por causa da graça de Deus, ele poderia participar em muitas coisas, como comer refeições ou beber vinho. No entanto, Paulo está dando um passo atrás e escolhendo pessoalmente não ficar escravizado ou mantido sob o controle ou poder de qualquer coisa, para que "nenhuma delas" danificasse o seu testemunho e ministério.

O mesmo se aplica a você. Como testemunho aos outros e um ato da sua vontade, você pode escolher se abster de qualquer coisa que possa dominá-la. Na minha mente, tenho esse conceito como se fosse um domador de leões. Lá estou eu no meio do ringue. O leão (os meus desejos) está empoleirado em uma plataforma com as suas patas enormes esticadas para me agarrar. Mas tenho um grande chicote na minha mão e estou estalando-o para mantê-lo afastado.

Sabedoria de Deus para o seu dia

Hoje é um novo dia... o que significa que você provavelmente comerá várias vezes! Li certa vez que uma pessoa comum tem ao menos vinte embates com a comida todos os dias... esteja ela na geladeira, no armário, na fruteira em cima da mesa, em uma cafeteria, numa máquina de venda de doces, numa festa de aniversário ou numa sorveteria. Assim seguem os nossos embates com a comida.

Ore enquanto se esforça para passar o seu novo dia glorioso, o dia que o Senhor fez e concedeu a você. Use o conteúdo de Romanos 12:1 como clamor pessoal a Deus: "Senhor, hoje apresento o meu corpo por sacrifício vivo, santo e agradável a ti. Que eu viva este dia de forma aceitável a ti. Não me deixes cair em tentação". Que a sabedoria do Senhor registrada em Provérbios a dirija a cada passo ao...

> Recusar se deixar dominar por comida ou bebida.
> Recusar comer demais.
> Comer com domínio próprio.
> Comer apenas o suficiente.
> Comer somente o necessário.

Reexaminemos 1Coríntios 10:31 e façamos dele a nossa **6ª Regra: Coma de forma que glorifique a Deus**: "Portanto, quer comais, quer bebais ou façais outra coisa qualquer, fazei tudo para a glória de Deus". Até os atos mais comuns de comer e beber podem ser realizados de forma que honrem ao Senhor. Imagine só! É realmente possível comer de modo que traga honra e glória a Deus! Então dê glória ao Pai e honre-o quando comer, com o que consumir e com a quantidade que ingerir. E o maior benefício secundário será agregado enquanto você segue os mandamentos de Deus — o grau de qualidade da sua vida, assim como da sua adoração, aumentará.

> Não podemos glorificar a Deus a não ser que a nossa vida esteja em harmonia com ele e seus preceitos. Nada em nossa conduta deve obstruir o reflexo da glória de Deus em nós, isto é, em tudo que fazemos e dizemos, por mais insignificante que seja, o mundo deve ver que somos povo de Deus. Exaltar a glória de Deus deve ser nosso propósito principal na vida terrena.[4]

---

[4] KISTEMAKER, Simon. *Comentário do Novo Testamento — exposição da primeira epístola aos Coríntios*. São Paulo: Editora Cultura Cristã, 2003, p. 440.

24 SEGUINDO O PLANO DE DEUS PARA OBTER SUCESSO

Diligência

> Um pouco para dormir, um pouco para tosquenejar,
> um pouco para encruzar os braços em repouso, assim
> sobrevirá a tua pobreza como um ladrão,
> e a tua necessidade, como um homem armado.
>
> PROVÉRBIOS 24:33,34

uma oração

Ao me curvar diante de ti e refletir sobre a virtude da diligência, é impossível deixar de recordar a tua diligência em concluíres a criação do mundo e de seus habitantes. Da mesma forma, o teu Filho veio "para fazer a vontade daquele que me enviou" e foi capaz de dizer ao final da sua vida: "Está consumado". Desejo cuidar das responsabilidades que me deste — os meus amados, meu lar, meu trabalho. Ajuda-me, querido Senhor, a valorizar e zelar pelo meu tempo. Ajuda-me hoje a não ser uma "Marta", que fica obcecada com as ocupações da vida doméstica, mas a ser uma "Maria", que é fiel em sentar-se com tranquilidade aos teus pés e cuidar primeiro do serviço superior da adoração — depois seguir em frente com diligência para cumprir o meu trabalho diário "como ao Senhor". Amém.

Não se passa uma semana sem que eu receba um pedido de conselho sobre como escrever um livro. Normalmente, o pedido começa com: "Eu sempre quis escrever um livro". Depois vem uma pergunta: "Que conselho você poderia me dar?" E a minha resposta é sempre a mesma: "Não fique desejando. Escreva o seu livro". Depois dou alguns indicadores e direciono a pessoa a alguma fonte útil.

Toda mulher — e isso inclui você — tem uma história marcante para contar e conselhos específicos para compartilhar. Você tem informações impactantes para transmitir a outros. É fácil se sentir sobrecarregada e desistir da ideia de ajudar os outros com as suas experiências. É natural se surpreender gastando tempo com o sonho de escrever um livro ou se agarrar a algum projeto pessoal com o qual esteja entusiasmada. O passo mais difícil é de fato entrar de cabeça e criar um esboço, escrever um ou dois capítulos ou dar os passos essenciais para o impulso inicial de algum outro sonho.

Para escrever um livro, a pessoa precisa de fato ser efetiva no esforço de escrever um livro. É a mesma coisa com qualquer outro projeto dos sonhos. No momento de pôr em ação é que os que "são" são separados dos que "desejam ser". Fazer algo — qualquer coisa, inclusive escrever um livro — requer m-u-i-t-o tempo, trabalho árduo e diligência, além de compromisso para permanecer no seu objetivo até que ele seja atingido.

Ao trazer à memória a minha própria vida, eu realmente não tinha problema de falta de diligência antes da minha conversão. Devo agradecer aos meus pais por me fornecerem dois modelos marcantes de uma ética de trabalho incansável. Na verdade, depois de se aposentarem como professores, eles continuaram a trabalhar com acabamento de móveis e compra e venda de antiguidades até os seus 90 anos! Não, eu era muito diligente. A minha dificuldade era direção. Eu saía em disparada para todos os lados ao mesmo tempo e quase nunca terminava alguma coisa — normalmente acabava sem nada para mostrar. Mas, uma vez que aceitei Cristo como meu Salvador, recebi direção para onde ir com a minha diligência, por obra da graça de Deus e a sua Palavra!

A Palavra de Deus me mostrou o seu plano e caminho para a minha vida como mulher, esposa, mãe e serva dele na igreja. Ao continuar com a leitura diária de Provérbios, logo percebi que a diligência — junto com a falta dela — é um tema importante não somente em Provérbios, mas ao longo de toda a Bíblia.

O plano de Deus para obter diligência

Pode ser que você nunca deseje escrever um livro, e não existe problema nenhum nisso! Deus está sempre no comando e dirige o seu passo a passo para seguir o plano dele para a sua vida. Mas você tem a mordomia da sua vida e suas muitas responsabilidades. Veja agora algumas coisas que você descobrirá com relação à diligência ao ler Provérbios a cada dia.

A falta de diligência leva à pobreza. "Um pouco para dormir, um pouco para tosquenejar, um pouco para encruzar os braços em repouso, assim sobrevirá a tua pobreza como um ladrão" (Provérbios 24:33,34). Esses versículos ilustram como os hábitos da preguiça e do desleixo podem fazer que a pessoa fique tão descuidada que chegue à negligência, ao descaminho e ao fracasso. O que começa como uma pequena indolência — "um pouco para dormir, um pouco para tosquenejar, um pouco para encruzar os braços em repouso" — evolui para se tornar um meio de vida. Logo, quaisquer recursos que ela tenha e possa vir a ter são perdidos exatamente da mesma forma como se fossem roubados por um ladrão (consulte o v. 34).

E tem mais! Esses provérbios também falam de diligência e dos seus efeitos sobre a nossa vida:

- A diligência afeta as nossas finanças — "O que trabalha com mão remissa empobrece, mas a mão dos diligentes vem a enriquecer-se" (Provérbios 10:4).
- A diligência afeta a nossa subsistência — "O que lavra a sua terra será farto de pão, mas o que corre atrás de coisas vãs é falto de senso" (Provérbios 12:11).
- A diligência afeta a nossa produtividade — "Em todo trabalho há proveito; meras palavras, porém, levam à penúria" (Provérbios 14:23).

A falta de diligência diminui a nossa contribuição à sociedade. "Quem é negligente na sua obra já é irmão do desperdiçador" (Provérbios 18:9). Quantas quedas de avião, acidentes de trem e outras tragédias são rastreados até chegarem a uma pessoa que não cumpriu a sua função de forma adequada? Atalhos foram tomados. Problemas foram ignorados — ou protelados. Alguém simplesmente não resolveu o problema! Pegou um atalho. Um ferrolho ficou aberto. Um parafuso ficou solto. Mas, espere aí, foi só um ferrolho, só um parafuso!

Esse provérbio ilustra como é importante fazer o esforço de deixar as coisas melhores do que as encontramos, não deixar por fazer nenhuma tarefa pela qual somos responsáveis. Fazer aquela coisinha extra — como devolver o carrinho do supermercado, arrumar o quarto antes de sair de casa, apagar as luzes ao deixar o quarto do hotel. A diligência é um meio essencial de podermos contribuir de forma positiva para a sociedade.

A diligência precisa ser apontada na direção correta. "Cuida dos teus negócios lá fora, apronta a lavoura no campo e, depois, edifica a tua casa" (Provérbios 24:27). Uma tradução moderna desse ditado antigo poderia ser assim: "Primeiro as coisas mais importantes!" Como Israel é uma economia agrária, o seu povo sempre dependeu de primeiramente plantar as lavouras, antes de fazer qualquer outra coisa, inclusive construir uma casa para a família.

Para muitas pessoas, a mensagem desses versículos poderia ser: "Tenha uma boa educação antes de se aventurar no mundo ou se casar". Ou poderia significar: "Pague as suas contas ou o empréstimo estudantil antes de adquirir uma casa".

Para uma mãe, esse mesmo provérbio poderia ter o sentido de: "Preciso garantir que estou nutrindo a minha família com diligência, especialmente as crianças, antes de procurar um emprego fora de casa — ou antes de me envolver intensamente no ministério, ou antes de voltar a estudar... ou antes de me meter a escrever um livro". Para a mãe que trabalha fora, isso poderia querer dizer: "Preciso ter certeza de que tudo está bem com a minha família antes de sair para trabalhar — café da manhã, lanches para o recreio, crianças prontas para a escola".

Sei que esses exemplos nem sempre funcionam para todo mundo, mas eles nos dão orientação para usarmos a nossa diligência em ordem de prioridade e direcionarmos a nossa diligência e atenção para o que é mais importante. Escrevi o meu primeiro livro depois de as minhas duas filhas estarem casadas. Escrever, como tantas outras conquistas honrosas, é complexo, cansativo e desgastante. Em muitos dias, isso requer levantar cedo e dormir tarde da noite para atender aos prazos. Você tem o seu próprio conjunto de compromissos — talvez preparar as lições ou anotações do estudo bíblico, preencher documentos ou fazer provas em busca de um diploma ou licença.

A sabedoria, como declara a passagem bíblica, prepara o seu trabalho em ordem de prioridade. A sabedoria para você e para mim vem quando perguntamos: "Quais são as 'primeiras coisas mais importantes' de que eu preciso cuidar antes de seguir para outras ocupações de menor importância?"

A diligência afeta os nossos resultados. "Procura conhecer o estado das tuas ovelhas e cuida dos teus rebanhos... então... darão... as cabras, leite em abundância para teu alimento, para alimento da tua casa e para sustento das tuas servas" (Provérbios 27:23-27).

Esse provérbio prático fala da necessidade de um fazendeiro proteger os seus rebanhos com diligência para garantir que estejam seguros. O resultado disso? O fato de estar empenhado na sua vigilância asseguraria que a sua família sempre tivesse comida. É esse tipo de diligência que Deus pede de você e de mim enquanto protegemos os nossos "rebanhos" — o nosso lar e a nossa família.

Assim como um pastor de ovelhas, você — uma pastora — deve "prestar atenção" e proteger o seu marido, o seu rebanho de filhos e o seu lar com diligência e empenho. Isso inclui tanto a saúde espiritual quanto física, do coração e do bem-estar deles, assim como de onde eles vivem. Então, como esse princípio conclui, com esse tipo de diligência, você terá uma família e um lar que desfrutam da provisão e das bênçãos de Deus.

Sabedoria de Deus para o seu dia

Hoje — e cada dia — é um presente da graça de Deus para você. Existem sabedoria e verdades em abundância na Bíblia que têm como intuito ajudá-la com o seu desejo de ser mais diligente. Essas passagens mexerão com você e a motivarão a viver cada dia para o Senhor.

A cada novo amanhecer, isso ajuda a lembrar...

... da brevidade da vida — Muitas mulheres escolhem viver a vida em um modo de espera, com uma atitude de "Algum dia eu resolvo isso", ou com uma perspectiva de "Eu tenho todo o tempo do mundo". Todo mundo é tentado a ser preguiçoso. Esta é a natureza da nossa carne. No entanto, temos apenas uma vida e, como diz o ditado, "Apenas uma vida, logo passará. Apenas o que foi feito para Cristo permanecerá". A diligência, hoje e a cada dia, ajudará você a concluir o seu trabalho, beneficiará e abençoará os membros da sua família, o seu empregador e aqueles que estão contando com a

sua dedicação. A diligência auxiliará você a alcançar uma vida digna que honre a Deus com cada vez menos arrependimentos.

... do propósito da vida — Preciso admitir que esse é um dos principais catalisadores para o meu desejo de ser diligente. Quando entrou na minha cabeça que fui feita por Deus, para Deus e que ele tinha um propósito para mim, fiquei empolgada! Até aquele ponto da minha vida, eu me sentia errante, insatisfeita, sempre buscando e procurando algo concreto e significativo. De repente, como se uma luz se acendesse dentro de mim e sobre mim, fiquei altamente motivada. Você deveria se sentir motivada a aspirar a viver cada dia e cada minuto do seu dia para o Senhor, ao pensar sobre a sua vida em Cristo e o propósito dele para você e a sua salvação. Você deve desejar que cada dia conte para a glória de Deus (Colossenses 3:23). O meio de cumprir esse propósito é a diligência.

... do ritmo da vida — Diligência não significa manter-se em um ritmo frenético do início ao fim. Diligência significa simplesmente procurar um ritmo de vida frutífero do início ao fim enquanto transita pela vida com um propósito todos os dias. Aqui vai uma grande notícia: Você pode aplicar a diligência ao seu trabalho a qualquer momento do dia, com qualquer projeto. Que tal começar a sua vida de diligência neste instante? O seu objetivo, como a Bíblia diz, é que todas as coisas sejam feitas com decência e ordem — e para a glória de Deus!

Querida amiga, a diligência não deve ser vista como uma obrigação, mas como um prazer. Ela vem de dentro e revela o seu verdadeiro caráter. Você pode contar com ela — às vezes você vai ficar um pouco triste ou cansada. Quando isso acontecer, eleve a sua alma e ore. Mantenha o seu coração sintonizado com a Palavra de Deus. Repasse as promessas que ele fez. Lembre-se da bagunça que era a sua vida quando você não tinha direção, propósito nem amor para oferecer aos outros. Recorde o dia da sua salvação e regozije-se no que Deus está realizando em você ao transformá-la na imagem do seu Filho amado. Confie no Senhor de todo o seu coração, conte com o seu poder e graça para assisti-la a fazer a vontade dele hoje, com diligência.

Uma vez que levantar a sua cabeça exausta ao céu, tiver pensamentos do alto, erguer louvor e gratidão sinceros ao nosso precioso Salvador, você experimentará as suas forças renovadas para o seu dia. Pois o Senhor faz forte ao cansado e multiplica as forças ao que não tem nenhum vigor. Você subirá com asas como águia. Correrá e não se cansará. Andará e não se fatigará. Assim como fez com Elias, Deus a atenderá, sua filha abatida — e você será capaz de prosseguir com o seu dia e cumprir com as suas responsabilidades na força do Senhor.[1]

---

[1] Consulte Isaías 40:29-31 e 1Reis 19:5-8.

25 SENDO FIEL EM TUDO

Confiabilidade

> Como o frescor de neve no tempo da ceifa, assim é o mensageiro fiel para com os que o enviam, porque refrigera a alma dos seus senhores.
>
> PROVÉRBIOS 25:13

uma oração

> Querido observador do meu coração, eu te agradeço por tuas misericórdias se renovarem a cada manhã! Grande é a tua fidelidade! Bendigo o teu nome hoje por poder confiar a ti não somente o meu dia, mas também a minha vida e, acima de tudo, a minha alma. Ajuda-me a ser digna de confiança no meu serviço a ti e àqueles que tu colocares no meu caminho hoje. Que, ao depender de ti, eu também possa ser uma mulher com quem os outros possam contar. Senhor, o meu maior anseio é estar diante do teu Filho quando os meus dias na terra acabarem e ouvi-lo dizer: "Muito bem, servo bom e fiel".

Sendo cristã, a fidelidade é uma marca da presença de Deus na sua vida. Você manifesta a fidelidade de Deus, um fruto do Espírito, que fica exposto a todos conforme anda pelo Espírito (Gálatas 5:22). Essa qualidade de caráter poderosa e de imensa importância é também uma marca da sabedoria de Deus.

Várias passagens bíblicas cruciais encorajam com veemência que toda mulher seja fiel. No Novo Testamento, lemos que as mulheres servidoras e/ou líderes que trabalhavam na igreja deveriam se qualificar em quatro áreas: "Da mesma sorte, quanto a mulheres, é necessário que sejam elas respeitáveis, não maldizentes, temperantes e FIÉIS EM TUDO" (1Timóteo 3:11).

Outra fonte de encorajamento se encontra nos Evangelhos, onde testemunhamos a fidelidade extraordinária de um grupo de mulheres que constantemente ministrava às necessidades do nosso Salvador. Essa turma de senhoras confiáveis servia a Jesus de forma física e apoiava o seu ministério de forma financeira.

Então, o ato de fidelidade mais heroico desse grupo de mulheres fiéis começou quando elas seguiram a Jesus em sua última viagem da Galileia para Jerusalém. Essa peregrinação levou essas senhoras ao pé da cruz para sofrerem junto com Jesus durante o dia inteiro da sua crucificação e morte.

Contudo, a sua jornada, a sua amizade e o seu serviço fiéis não terminaram com a morte de Jesus. A lealdade dessas damas ainda brilhou forte ao se levantarem cedo na manhã de domingo e caminharem até o túmulo onde o corpo de Jesus tinha sido colocado. Elas estavam organizadas com todo o necessário para preparar o corpo de Jesus de forma perfeita e apropriada na morte — mas para acabarem vendo a sua fidelidade recompensada ao serem as primeiras pessoas a ouvir a notícia da ressurreição do Senhor![1]

Ainda outra fonte de encorajamento para ser fiel é o livro de Provérbios. Prepare-se para...

FIDELIDADE EM EXIBIÇÃO

A fidelidade é uma qualidade revigorante. "Como o frescor de neve no tempo da ceifa, assim é o mensageiro fiel para com os que o enviam, porque refrigera a alma dos seus senhores" (Provérbios 25:13). Imagine como uma bebida fresca seria revigorante para um agricultor — ou para você enquanto trabalha no seu jardim ou corta a grama em um dia quente. Uma pessoa confiável, trabalhador ou mensageiro, é como uma bebida gelada em um dia escaldante. Essa imagem e descrição ilustram o benefício, a bênção e o ministério que uma mulher fiel tem para aqueles a quem ela serve e ministra. Ela faz o que foi exigido — não importa o que aconteça.

A fidelidade exige confiabilidade. "Como dente quebrado e pé sem firmeza, assim é a confiança no desleal, no tempo da angústia" (Provérbios 25:19). O que acontece quando você morde com força tendo um dente quebrado? Ai! O que ocorre quando você coloca o seu peso sobre o pé quebrado? Outro ai! O seu dente quebrado e o seu pé sem firmeza não vão aguentar a pressão e vão decepcioná-la. Eles são uma companhia inútil, duvidosa e torturante. Você confia nos seus dentes e nos seus pés para cumprirem funções básicas como comer, andar e trabalhar.

Agora, pense naquelas pessoas que dependem de você e confiam em você para obter auxílio na hora da aflição ou quando algum projeto decisivo está em jogo. Se deixar de ser fiel em fazer a sua parte, você pode ser a causa do fracasso e uma desilusão para quem contava com você para comparecer e cumprir o seu papel.

---

[1] Consulte Lucas 23:49—24:10.

O mesmo acontece debaixo do seu teto. Quem são as pessoas que vivem ali? Se for a sua família, eles dependem de você para ter refeições à mesa, comida em casa, roupa limpa, limpeza geral e organização. Quais as suas responsabilidades na igreja? Sejam quais forem, prepare-se com antecedência, confira tudo duas vezes, chegue cedo, fique até tarde e veja que a sua parte do ministério seja cumprida 100% até o fim.

A fidelidade é uma exigência no seu falar. "Os lábios mentirosos são abomináveis ao SENHOR, mas os que agem fielmente são o seu prazer" (Provérbios 12:22). Você quer ser um deleite para Deus? Então seja fiel no falar. Tenha cuidado para não encobrir a verdade, contando mentiras brancas, meias verdades e exagerando para além da verdade. Um meio seguro de trazer alegria para Deus e ser um prazer para ele e para os outros é ser absolutamente honesta quando fala. Siga a admoestação de Provérbios 14:5 e determine-se a sempre falar a verdade: "A testemunha verdadeira não mente".

A fidelidade traz cura. "O mau mensageiro se precipita no mal, mas o embaixador fiel é medicina" (Provérbios 13:17). Na Bíblia, os cristãos são chamados para ser — e mencionados como — embaixadores de Cristo.[2] Somos mensageiras do Deus a quem servimos. Então a pergunta vem a ser: "Somos boas ou más mensageiras?" Você é a única Bíblia que algumas pessoas lerão.[3] Você está vivendo de forma fiel e coerente para Cristo como "embaixador fiel", que abençoa os outros?

Lance mão de ser fiel em todas as áreas da sua vida. Reflita sobre os dias ocupados e caóticos que todos enfrentam. Todo mundo sofre desgosto, doença, perda, estresse, renúncia, solidão. Você pode trazer o bem aos outros com a sua atenção e compromisso com a fidelidade. Quando chega, você traz paz, cura, conforto, sucesso, ordem e sabedoria aos que estão necessitados. Você é como um

---

[2] Consulte 2Coríntios 5:20.
[3] Consulte 2Coríntios 3:2,3.

médico que aparece no pronto-socorro. As pessoas com dor se sentem aliviadas no mesmo instante e o processo de cura se inicia oficialmente. O médico sabe o que faz e como cuidar das pessoas que estão doentes e lutando com dor. Quando você é fiel em cuidar das suas prioridades e responsabilidades — sua família e amizades, seu trabalho e ministério —, a sua presença em si significa que está tudo bem. Que venha a cura!

Fidelidade é essencial nas suas amizades. "Leais são as feridas feitas pelo que ama, porém os beijos de quem odeia são enganosos" (Provérbios 27:6). Qual a definição de amigo? É alguém em quem você pode confiar, alguém que "dará cobertura" e falará as coisas como elas são. Você não está fazendo nenhum favor a uma amiga quando tem medo de ser honesta com ela sobre os seus atos, atitudes e decisões. O seu papel como amiga leal é apoiar fielmente os esforços e compromissos dessa pessoa, fazer que ela seja responsável diante da Palavra de Deus e encorajá-la a alcançar os padrões dele. Como ela receberá essa informação, é problema dela. Se for sábia, aceitará a sua crítica como procedente de uma amiga fiel.

A fidelidade traz bênçãos. "O homem fiel será cumulado de bênçãos, mas o que se apressa a enriquecer não passará sem castigo" (Provérbios 28:20). O homem ou a mulher honestos, não cobiçosos de grande fortuna, recebem bênçãos em abundância. Esse e outros provérbios parecem indicar que a pessoa que é um mordomo fiel do seu dinheiro colherá bênçãos financeiras. Em contraste a isso, a pessoa que é obcecada em adquirir riqueza de forma rápida, especialmente à custa de outros valores, terá consequências desastrosas. Aquele que é ambicioso e ganancioso vai cometer erros, quebrar leis, mentir e sacrificar a sua moral. Ao fim, como declara a passagem bíblica, ele "não passará sem castigo". Ele sofrerá consequências desastrosas. Deus pede que você seja fiel — não ambiciosa e faminta por dinheiro. Quando você for fiel, Deus promete que você "será cumulad[a] de bênçãos".

A fidelidade é o mais fino dos presentes. "O coração do seu marido confia nela, e não haverá falta de ganho" (Provérbios 31:11).

O maior presente que você pode trazer para o seu casamento como esposa é a confiança. O mesmo se aplica às suas amizades. Pela forma como você é fiel no lidar com o dinheiro, os seus filhos, a sua casa, a sua família, os seus amigos ou companheiros de trabalho, o seu comprometimento com a fidelidade inspira confiança nos outros. Casada ou solteira, a confiança é o ingrediente mais importante que você pode oferecer à sua família, aos seus amigos e às pessoas com quem trabalha. Eles sabem que podem contar que você manterá a sua palavra, cumprirá os seus compromissos e continuará sendo fiel em todas as áreas da sua vida.

Fidelidade nas pequenas coisas. Fidelidade nas grandes coisas. Fidelidade em tudo. Estas três descrições detalham com perfeição Febe, uma mulher que encontramos em Romanos 16:1,2. Ela é um exemplo vivo da afirmação de Jesus de que "quem é fiel no pouco também é fiel no muito" (Lucas 16:10). Febe não era líder de nenhuma das igrejas em Corinto e adjacências. Mas foi fiel no seu serviço essencial ao povo onde ela vivia e também no seu ministério ao apóstolo Paulo. Como era de extrema confiança, ela recebeu a responsabilidade de entregar em mãos uma carta de grande importância para a igreja em Roma — e para nós, hoje, e para todos os que viveram nos séculos que se passaram desde então.

Você consegue imaginar a Bíblia sem a carta aos Romanos? Foi esta a "carta" que essa mulher levou pessoalmente de Corinto para Roma. Se tivesse sido comigo, eu teria ficado com as pernas bambas! Mas a sempre fiel, sempre responsável e sempre confiável Febe recebeu a tarefa — e entregou a carta em segurança nas mãos certas.

Você é fiel nas pequenas coisas, como dar do seu tempo e energia com generosidade para a igreja? Ao ajudar os outros, você está prestando um grande serviço a Deus e ao seu povo. Pode ser que um dia ele venha a pedir que você preste um serviço ainda maior para ele! Febe foi fiel no que tinha pouca importância... e também provou ser fiel no muito.

Sabedoria de Deus para o seu dia

O livro de Provérbios nos dá uma boa ideia e muitas descrições verbais da natureza da fidelidade. Mas, de fato, o que a fidelidade faz? Como é a fidelidade em ação? Fiz essa pergunta a mim mesma por muitos anos enquanto estudava a Bíblia e lia o livro de Provérbios. Aqui está um inventário que coloquei no meu livro "A caminhada de uma mulher com Deus".[4]

Minha esperança é que estes pontos alarguem a sua compreensão sobre a qualidade da fidelidade. Essa é uma característica desesperadamente necessária no mundo de hoje. Se tivesse que seguir uma mulher que está andando com Deus pelo seu Espírito, você observaria estes atos de fidelidade na sua vida diária:

- Ela vai até o fim — em qualquer coisa que tiver que fazer.
- Ela cumpre o que falou — não importa o que aconteça.
- Ela entrega o serviço — seja uma mensagem ou uma refeição.
- Ela comparece — até adiantada para que os outros não fiquem preocupados.
- Ela mantém a palavra — o seu sim significa sim, e o seu não significa não (Tiago 5:12).
- Ela comparece aos compromissos e reuniões — você não a encontrará cancelando algo sem uma razão incontestável.
- Ela efetua negócios com sucesso — executando todas as instruções recebidas.
- Ela desempenha os deveres oficiais na igreja — e não negligencia a adoração.

---

[4] GEORGE, Elizabeth. *A caminhada de uma mulher com Deus.* São Paulo: Hagnos, 2004.

- Ela é dedicada à obrigação — exatamente como Jesus, quando veio fazer a vontade do Pai (João 4:34).

Você pode usar esta lista de conferência — ou de oração — por si mesma. Peça que Deus destaque qualquer área em que você precise melhorar ou ser mais fiel. Peça a ele força para trabalhar no desenvolvimento da fidelidade dele na sua vida diária.

26 deixando a preguiça

Disciplina pessoal

> Diz o preguiçoso: Um leão está no caminho; um leão está nas ruas. Como a porta se revolve nos seus gonzos, assim, o preguiçoso, no seu leito. O preguiçoso mete a mão no prato e não quer ter o trabalho de a levar à boca.
>
> Provérbios 26:13-15

uma oração

Ó divino redentor, tu transformaste não apenas o meu coração, mas também a minha vontade e as minhas emoções. Dá-me determinação para disciplinar o meu corpo neste dia, fazer dele meu escravo e executar a obra para a qual me chamaste. O desejo do meu coração é servir de forma efetiva a ti, aos da minha família e a qualquer outra pessoa que tu fizeres cruzar o meu caminho hoje. Que o teu santo Espírito me capacite para vencer qualquer preguiça e egoísmo que me impeçam de ser um instrumento digno de ser usado a serviço do meu mestre no dia de hoje. Amém.

Gostando ou não, vivemos em uma "sociedade de gratificação instantânea". Queremos tudo... e que seja agora, de preferência com o menor esforço possível! Seja o entretenimento, seja a abertura de um pequeno negócio, seja o aprendizado de uma nova habilidade ou língua, seja a perda de peso, não importa. Se os resultados não podem ser alcançados com rapidez, em poucas horas ou poucos dias, prontamente desistimos e recaímos em nossas antigas rotinas familiares que oferecem alguma gratificação enquanto exigem pouco ou nenhum esforço da nossa parte.

O estudo da Bíblia é um exemplo excelente. A maior parte dos cristãos, se não todos, concorda que é importante ler e estudar a Bíblia. Pense nisto: a Bíblia é a Palavra de Deus e contém sua vontade, que Ele nos comunicou em um livro escrito por Ele mesmo! É um milagre! A Bíblia abriga informações essenciais para cada faceta da vida — "todas as coisas que conduzem à vida e à piedade" (2Pedro 1:3). É trágico como muitos cristãos simplesmente não se dão ao esforço. É muito fácil ter preguiça de manhã. É bastante natural (e também fácil) vivenciar o que Provérbios 26:14 declara: "Como a porta se revolve nos seus gonzos, assim, o preguiçoso, no seu leito".

A primeira razão pela qual as pessoas não leem a Bíblia pode ser simplesmente porque são preguiçosas. Para nós, é preferível ficar revirando na cama e cochilar por mais dez minutos... mais dez minutos... e mais um pouco... a fazer o mínimo esforço de sair da cama, preparar um café instantâneo e encontrar a nossa Bíblia.

Como mulheres, como você e eu podemos superar a letargia e a preguiça que nos impedem de ler a Palavra de Deus e crescer espiritualmente?

Uma resposta surpresa

Vários meses depois de Jim e eu iniciarmos a nossa jornada espiritual como recém-convertidos, participamos de um seminário bíblico patrocinado pela nossa primeira igreja. O orador era professor universitário, escritor e editor-chefe de uma revista evangélica *top*. No início da sua carreira, ele contribuiu muito para a defesa da fé cristã contra o pensamento liberal. No decorrer do seminário de um dia, ficou evidente que ele realmente conhecia a Bíblia!

Ao fim do evento, Jim quis conhecer esse homem e tentar descobrir o seu "segredo" sobre como ele chegou a conhecer tão bem a Bíblia. É claro que Jim quis que eu fosse com ele. Esperávamos que esse homem instruído dissesse que havia sido a sua boa educação cristã, desde o berço até a vida adulta. Ou talvez a sua formação teológica em algum seminário excepcional. Quem sabe ainda poderia ter sido a sua especialização e competência para traduzir e interpretar as Escrituras, conquistadas de forma árdua.

A resposta foi negativa para todas as perguntas anteriores. Para nossa surpresa, ele respondeu: "Tudo o que sei e realizei é resultado de uma vida de leitura regular e sistemática da Bíblia. Essa disciplina me concedeu profundidade de compreensão da Palavra de Deus".

Tão simples, não é mesmo? Jim e eu só ficamos parados ali, ambos pensando ao mesmo tempo: "Eu preciso alcançar um entendimento substancial da Palavra de Deus, de modo que é melhor eu começar hoje com a minha 'vida' pessoal de leitura da Bíblia!"

Disciplina: sempre comece o seu dia com ela!

Querida irmã, aquele seminário durou apenas um dia, mas esse pequeno conselho que recebemos do humilde orador teve um impacto permanente sobre mim e o meu marido. Ainda me esforço todos os dias para ler a Bíblia. Como já compartilhei ao longo deste livro, essa rotina inclui a leitura do livro de Provérbios a cada dia, o que me traz à data de hoje — dia 26 do mês. E acontece que este é o dia em que estou escrevendo sobre Provérbios 26! E — céus! — lá está ele mais uma vez, em toda a sua glória: o assunto da disciplina e a falta dela, também conhecida como preguiça. Ai de mim!

Deus tem algumas pequenas pepitas de sabedoria sobre disciplina *versus* preguiça para nós.

A disciplina não cria desculpas. O preguiçoso diz: "Um leão está no caminho; um leão está nas ruas" (Provérbios 26:13). Essa pessoa está preocupada com dois tipos de leão: um que "está no caminho" e outro que "está nas ruas". Ainda assim, ambos parecem ser desculpas rebuscadas para explicar por que essa pessoa preguiçosa não vai sair de casa para trabalhar. No texto de Provérbios 22:13, outro preguiçoso se desculpou por não trabalhar, dizendo: "Um leão está lá fora; serei morto no meio das ruas!".

É incrível como conseguimos inventar dez razões diferentes para não cuidarmos da roupa suja... não arrumarmos a cama... para adiarmos a limpeza ou as compras do mês. Quando damos desculpas e criamos motivos para não conseguirmos fazer o nosso trabalho, os nossos pretextos nos impedem de seguir as instruções de Deus para sermos "boas donas de casa" (Tito 2:5). Estamos deixando de fazer como a mulher excelente de Provérbios, que "atende ao bom andamento da sua casa e não come o pão da preguiça" (31:27).

A disciplina abastece a ambição. "Como a porta se revolve nos seus gonzos, assim, o preguiçoso, no seu leito" (Provérbios 26:14). Este versículo liga os movimentos do preguiçoso na cama a uma porta que fica balançando para a frente e para trás nas suas dobradiças. Parece que existe a possibilidade de se levantar para fazer algo produtivo... mas então ele volta para o travesseiro. A autodisciplina faz o oposto. Ela dá o impulso para você sair da cama de manhã e receber o dia, cuidar dos seus projetos e do seu trabalho — garantindo que você tenha tempo com o Senhor.

Cada novo dia é um dia que Deus criou, e você deveria desejar vivê-lo da melhor forma possível, ao máximo! Você tem um dia cheio de objetivos a serem alcançados, há pessoas que precisam de cuidado e uma casa para administrar. Nenhuma dessas responsabilidades será cumprida antes que você saia da cama.

A disciplina supera a preguiça e gera energia. "O preguiçoso mete a mão no prato e não quer ter o trabalho de a levar à boca" (Provérbios 26:15). Esse provérbio chega a ser engraçado! Ele descreve a pessoa que se conforma à versão simplificada da primeira lei de Newton, que afirma: "Um corpo em repouso tende a permanecer em repouso". A lei oposta também se aplica: "Um corpo em movimento tende a permanecer em movimento". A inércia do preguiçoso impede que ele gere energia suficiente para avançar e ser produtivo. A disciplina faz que você se movimente... e continue se movimentando, mesmo quando estiver cansada.

A disciplina faz que você cresça. "Mais sábio é o preguiçoso a seus próprios olhos do que sete homens que sabem responder bem" (Provérbios 26:16). A pessoa preguiçosa gasta a vida justificando (ao menos na sua própria mente) por que não precisa fazer esforço. Sempre que recebe um conselho para superar o seu problema com a preguiça, a pessoa indolente tem uma lista extensa de nobres razões por que nenhuma sugestão ou admoestação dará certo. Isso inclui a sabedoria dos "sete homens" que poderiam tê-la ajudado a ser mais produtiva.

Por favor, não seja uma mulher que, como o preguiçoso na Bíblia, é indolente e parou de crescer! Isso acontece no momento em que ela se sente satisfeita com a vida — e ninguém a fará mudar de ideia. Para essa mulher, a preguiça é um beco sem saída. Não haverá mais realizações, produtividade, objetivos, ambições, sonhos a serem realizados. Ela aceitou o que está fazendo, ou não, como a coisa certa para ela. Não está mais procurando algum tipo de ajuda, respostas ou mudança — ou crescimento. Por que ela buscaria auxílio ou desejaria mudar se isso exige esforço?

Em contraste a isso, a mulher sábia é disciplinada. Ela está em uma guerra pessoal contra a preguiça. "É ainda noite, e já se levanta", e "a sua lâmpada não se apaga de noite". Ela "não come o pão da preguiça". Ela não tem medo de trabalhar. Na verdade, ela "cinge os lombos de força e fortalece os braços". Essa mulher está sempre buscando qualquer auxílio ou informação que puder encontrar a fim de ajudá-la a fazer melhor — e mais rápido — o seu trabalho.[1]

A disciplina se aplica às suas emoções. "Como cidade derribada, que não tem muros, assim é o homem que não tem domínio próprio" (Provérbios 25:28). Uma mulher que não consegue controlar as suas emoções é como uma cidade cujos muros foram derrubados. Essa mulher, como qualquer cidade, é facilmente conquistada e levada pelos outros. Essa senhora de paixões descontroladas e sem disciplina pode contribuir para a destruição de relacionamentos, ministérios e do seu próprio lar. Mas a dama que se disciplina para ter controle sobre o seu humor e suas emoções será como uma cidade forte cujos muros bloquearão qualquer adversário. Em vez de destruir as pessoas que fazem parte da sua vida, ela se torna uma fonte de força, estabilidade e proteção — uma fortaleza resistente.

Sabedoria de Deus para o seu dia

A sua jornada rumo à melhor disciplina começa com o simples primeiro passo do desejo. O desejo mais forte que existe é o amor. Quando ama o Senhor, você anseia servi-lo — e isso exige disciplina e ação. Da mesma forma, quando você ama os outros — a sua família, o seu marido, os seus filhos —, o seu coração deseja servi-los e assisti-los, melhorar a vida deles, o que exige disciplina e ação. Quando segue o mandamento do Senhor para "amar o teu próximo como a ti mesmo", você almeja servir o povo de Deus, o seu próximo e os seus conhecidos — e isso também exige disciplina e ação.

---

[1] Consulte Provérbios 31:15,18,27,17.

A passagem de Provérbios 31 fala da mulher excelente como bênção a todos aqueles cuja vida ela tocava. Esta breve lista do seu amor, dos seus trabalhos e da sua disciplina pessoal é a lista de verificação de Deus para você — que se encontra em Provérbios 31:10-31:

- Ela faz o bem para o seu marido, e não o mal, todos os dias da sua vida.
- Ela tem prazer em trabalhar com as mãos.
- Ela traz a comida de longe.
- Ela dá alimento à sua família.
- Ela planta uma vinha.
- Ela estende as mãos ao fuso e com as suas mãos pega a roca.
- Ela abre as mãos aos pobres e aos necessitados.
- Ela faz cobertas para si e para a família.
- Ela faz roupas de linho e as vende.

Então nos perguntamos: Mas qual a sua motivação? Mais uma vez, é o amor — um amor consumidor pelo Senhor: Ela é "a mulher que teme ao SENHOR" (v. 30). O seu coração e a sua alma cheios de amor abastecem e capacitam o seu trabalho, as suas obras de amor. Depois de enumerar as suas virtudes e os seus esforços, Deus faz esta declaração triunfante com relação à mulher nobre de Provérbios 31: "de público a louvarão as suas obras" (v. 31). É como o renomado pregador G. Campbell Morgan comentou: "A mulher celebrada em Provérbios 31 é aquela que reconhece as capacidades e glórias da sua condição de mulher em toda a sua plenitude e riqueza".

Sim, a disciplina pessoal é uma exigência para todos os seus empreendimentos e vitórias nos muitos papéis e responsabilidades que Deus designou a você. É provável que você já tenha tido esse tipo de experiência depois de um dia longo, penoso, cheio e intenso. Quando — finalmente! — você tem condições de chegar à sua cama, doce cama, parece natural pensar em tudo o que aconteceu no seu dia e na sua lista de afazeres com todos os sonhos que você tinha quanto ao progresso que faria. É extremamente fácil nesse momento se inclinar à conclusão de que "o copo está meio vazio". Que o seu dia não foi bem-sucedido. Que a sua lista para amanhã será ainda mais longa por ter que continuar o trabalho que não conseguiu terminar hoje. Quando você coloca o seu foco em tudo o que não conseguiu fazer, o seu espírito sobrecarregado corresponde ao seu corpo gasto ao fim do dia.

Mas, de modo glorioso, magnífico e triunfante, chega um novo dia. O seu amanhecer é acompanhado de luz e uma novidade de vida. O ar é puro, fresco e suave. O mundo está quieto ou lentamente se aproxima do seu modo de inicialização. Não existem palavras melhores para descrever a chegada abençoada de um novo dia do que as de Lamentações 3:22-24:

> As misericórdias do SENHOR são a causa de não sermos consumidos, porque as suas misericórdias não têm fim; renovam-se cada manhã. Grande é a tua fidelidade. A minha porção é o SENHOR, diz a minha alma; portanto, esperarei nele.

Neste novo dia, seja fiel em usar de determinação mais uma vez. Atente ao Senhor em esperança. Dê graças a ele pela sua fidelidade. Ore para seguir os seus passos. Depois, comece mais uma vez a abençoar os outros com a sua disciplina pessoal, por meio do que vier a realizar. Fixe o seu olhar no presente, no hoje. Afinal de contas, é como diz o ditado norte-americano: "O que você faz hoje determina o que você será amanhã".

27 sendo cautelosa em um mundo sem cautela

Bom senso

> O prudente vê o mal e esconde-se;
> mas os simples passam adiante e sofrem a pena.
>
> PROVÉRBIOS 27:12

uma oração

Ó Pai, quanto anseio que a qualidade do bom senso seja evidente em mim como mulher segundo o teu coração! Tu és o Deus de toda a sabedoria e, em Provérbios, tu dás ao teu povo um volume enorme de sabedoria — a tua sabedoria para os dias e desafios da nossa vida. Todas as tuas instruções são perfeitas. Todos os teus atos são totalmente santos, justos e carregam a marca da sabedoria. Hoje, estou clamando pela tua sabedoria. Os meus dias são muito agitados e completamente cheios de coisas. São tantas as decisões importantes que aparecem no meu caminho — decisões que fazem diferença. Que o teu Espírito me guie hoje para ser cautelosa ao fazer as escolhas certas quando me deparar com diversas pessoas e problemas — para fazer as escolhas que tu queres. Amém e obrigada!

Quando me converti, já casada, com duas filhas pequenas e uma casa para cuidar, as minhas emoções, atitudes e preconceitos sociais já estavam definidos... ou pelo menos era o que eu achava. Mas, louvado seja Deus, porque Jesus Cristo transformou tudo isso! Eu era "uma nova criatura" em Cristo (2Coríntios 5:17) — uma cristã recém-nascida — e sabia disso. Depois de 28 anos fazendo as coisas à minha maneira, tudo o que eu consegui foi chegar ao limite das minhas forças, por assim dizer. Mas o livro de Provérbios veio ao meu resgate.

Quando comecei a ler um capítulo de Provérbios por dia, deparei-me com versículos como este: "O caminho do insensato aos seus próprios olhos parece reto, mas o sábio dá ouvidos aos conselhos" (Provérbios 12:15). A minha reação? "Ah, não! Eu sou essa pessoa insensata!" Como já disse anteriormente, naquele mesmo dia comecei a procurar auxílio, livros, estudo bíblico, mentoras que pudessem me dar orientação para a minha nova vida em Cristo. As coisas velhas passaram (2Coríntios 5:17) e, graças a Deus, isso incluía a maior parte da minha visão e dos meus caminhos mundanos. Então ele e eu tínhamos que trabalhar com o que restava.

Ainda hoje, décadas mais tarde, continuo a dar graças a Deus por uma mulher especial que, além de ter sido modelo de bom senso e prudência, plantou esse conceito profundamente no meu coração desejoso. O coração é o centro das nossas emoções e atitudes, e Deus teve que trabalhar no meu. Ele começou a transformar o meu coração... o que afetou as minhas ações e reações na área da discrição na vida prática cotidiana, também conhecida como "bom senso".

Sabedoria para a vida diária

O texto de Provérbios 27 está repleto de versículos que mostram como a sabedoria prática, ou prudência, é necessária para viver o dia a dia. O versículo 12 descreve as ações da pessoa prudente. Mesmo que não tenha apreço pela palavra antiquada "prudência", você com certeza se beneficiará por tê-la! Prudência significa ser cautelosa ou comedida nos seus atos e na tomada de decisões.

A pessoa que possui a qualidade da prudência é descrita como alguém que é sábio, sensato em questões práticas, discreto, sóbrio e cauteloso. Um comentarista define a prudência como a vemos aqui em Provérbios 27:12: "O homem prudente é cauteloso e recua diante do perigo, enquanto o homem insensato que é desatento arrisca-se a seguir em frente. Eventualmente, ele sofrerá por seu descuido".[1]

Como podemos ver, a prudência é uma qualidade indispensável à vida diária de uma mulher ocupada que carrega uma carga pesada de responsabilidades. Mulheres que são casadas, as que têm filhos e as que estão no mercado de trabalho precisam tomar uma decisão por minuto na maior parte do seu dia a dia. Com toda a certeza, a prudência melhora a qualidade dessas decisões.

Ainda mais importante e motivador do que isso é saber que a prudência é uma qualidade altamente valorizada por Deus. Na verdade, o Novo Testamento declara que o "ancião", "bispo" ou líder da igreja precisa exibir esta qualidade: "O bispo deve ser [...] prudente" (1Timóteo 3:2, NTLH).

Vejamos agora uma porção de versículos em Provérbios que nos ajudarão com a nossa vida diária:

A prudência é perspicaz. "O prudente vê o mal e esconde-se; mas os simples passam adiante e sofrem a pena" (Provérbios 27:12). Quando usa os seus olhos espirituais (que são desenvolvidos pela

---

[1] ALDEN, Robert L. *Proverbs — A Commentary on an Ancient Book of Timeless Advice*, p. 192.

leitura e estudo da Bíblia), você é capaz de "ver" o que está acontecendo ao seu redor. É como se tivesse brotado uma antena ou radar em você para reconhecer os problemas à sua frente.

Uma vez que você consegue enxergar o que está acontecendo, a prudência pode dirigir a sua reação. Se o que estiver ocorrendo for questionável, assustador ou maligno, esse texto das Escrituras diz qual a coisa certa e sábia a fazer. É como se a sabedoria estivesse gritando: "Não continue indo em frente como um cego. Isso é o que o ingênuo faz. Ele não vê, não percebe nem pensa no perigo. Por isso, sofrerá as consequências. Você precisa ser prudente e correr, sair daí, se mexer! Esconda-se!"

Também poderíamos dizer que uma mulher prudente anda de forma atenta. Sendo uma mulher prudente, você deve criar o hábito de avaliar integralmente as suas ações antes de agir. Sempre pergunte: "Esta atividade ou decisão vai contra a Bíblia?" Se esse for o caso, participar dessa atividade está fora de cogitação, pois isso poderia ser classificado como escolher ir contra a vontade revelada de Deus, como algo "maligno". Portanto, essa escolha não é uma opção. Está claro como você deve agir e responder: Diga não. Deixe o local. Dê a volta e vá por outro caminho. Fuja da situação.

Cedo ou tarde, toda mulher casada aprende que, como casal, quando um não quer, dois não brigam. É algo parecido com uma luta de boxe — só que acontece na sua casa, na sala de estar ou no carro. Existem dois lutadores no ringue: o seu marido, usando calção azul em um canto, e você, com shorts cor-de-rosa no canto oposto. Quando o sino toca, espera-se que os dois lutadores venham lutar até que um seja abatido, nocauteado, desista ou perca.

Mas o que acontece se, quando o sino tocar, apenas um lutador se apresentar? É óbvio: Não haverá luta. Não pode haver luta. Por quê? Porque quando um não quer, dois não brigam.

Aprendi, no meu casamento, a me esforçar ao máximo para não iniciar uma discussão — e não participar também. Aprendi a fazer a mesma coisa na igreja, ou quando conversava com algum vizinho:

Quando a situação ou os pontos de vista opostos esquentavam, eu deveria fazer o que esse versículo diz e pedir licença para me retirar.

Quando um desentendimento fica hostil, incômodo ou fora de controle, você sempre tem o direito de pedir para pensar sobre qualquer que seja a questão, orar a respeito, pesquisar as Escrituras sobre o assunto e buscar conselho. Se for casada, você tem o direito — e a responsabilidade — de conversar sobre isso com o seu marido.

Esse princípio de prudência encontrado em Provérbios 27:12 costuma ser usado para ajudar a mulher cujo marido seja inclinado à ira, à violência, à agressão física, ao vício em álcool ou drogas. Quando uma situação estiver se acalorando e seguindo em direção a uma discussão ou explosão, a mulher envolvida pode se "esconder" deixando o ambiente, indo para outro cômodo, subindo ou descendo as escadas, saindo de casa. É como outro versículo afirma: "A mulher graciosa guarda a honra" (Provérbios 11:16, ACF). Você obtém ou guarda a honra e ganha o respeito ficando longe e fora de disputas, discussões e brigas. Deus dará a você toda a graça necessária para ser graciosa e reagir com graça e graciosidade.

A prudência exercita o domínio próprio. "A ira [irritação] do insensato num instante se conhece, mas o prudente oculta a afronta" (Provérbios 12:16). Não demora muito para uma mulher insensata explodir. Ela pode estourar com o mais leve agravo, e este acaba se tornando um meio de vida. Mas a mulher prudente sabe ignorar um insulto e exercitar o domínio próprio.

No belo livro devocional *The One Year Book of Proverbs* [O livro de Provérbios em um ano], encontrei estas reflexões e instruções:

> A pessoa sábia percebe que o insulto diz mais sobre o ofensor do que sobre o ofendido. Ele ou ela respira fundo e considera as consequências dos seus atos. Ficar calmo, nesse caso, não se torna uma reação passiva, fraca, mas uma resposta ativa tirada da força interior e da segurança de que o que a outra pessoa pensa ou diz não é a palavra

final. Tiramos a nossa sugestão do próprio Deus [...], [que é] "tardio para se irar".[2]

Esse autor então cita Tiago 1:19,20: "Sabeis estas coisas, meus amados irmãos. Todo homem, pois, seja pronto para ouvir, tardio para falar, tardio para se irar. Porque a ira do homem não produz a justiça de Deus".

Jesus é o nosso exemplo perfeito de alguém que ignorou os insultos dos outros ao longo da sua vida, durante o seu julgamento e enquanto agonizava na cruz. Pilatos viu algo diferente na falta de reação ou retaliação de Jesus e "ficou impressionado" (Marcos 15:5, NVI). Esse comportamento humilde semelhante ao de Cristo é o que Deus deseja de você e de mim quando alguém nos insultar ou difamar.

A prudência é modesta. "O homem prudente oculta o conhecimento, mas o coração dos insensatos proclama a estultícia" (Provérbios 12:23). Uma verdadeira dama não sai por aí ostentando quanto sabe ou espalhando as suas credenciais ou realizações anteriores. Com discrição, ela oculta o que aprendeu. Não que ela deixe de usar o seu conhecimento e de tirar partido das múltiplas bênçãos de Deus, mas ela não faz uso disso para impressionar os outros.

Em contraste a isso, é provável que você tenha presenciado pessoas tolas que mal podem esperar para impressionar quem as ouve, que monopolizam todas as conversas. E quanto mais elas falam, mais revelam a sua falta de conhecimento e de domínio próprio.

Resumindo, a lição que Deus nos dá quanto à sabedoria é: Fale menos. Não fique em destaque. Concentre-se nas outras pessoas, ministre a elas e aprenda com elas. Não seja o tipo de mulher "Cheguei!" Seja uma mulher "Você aqui!"

A prudência revela o caráter. "Todo prudente procede com conhecimento, mas o insensato espraia a sua loucura" (Provérbios

---

[2] WILSON, Neil S. *The one year book of Proverbs*, 12 de junho.

13:16). No modo de pensar hebreu, o "conhecimento" era o que compreendia a totalidade da pessoa — coração, alma e mente. Para um hebreu, conhecimento era tanto a vontade quanto a emoção. Em uma palavra, era o caráter. A conduta da mulher, portanto, revela o seu caráter. Se a mulher é prudente, isso transparece na maneira responsável como ela vive a sua vida, enquanto a conduta da mulher insensata demonstra a sua tolice.

Pense só quanto o conhecimento e a prudência poderão ajudar você! Na sua vida diária, eles a guardarão de perigos previstos e a ajudarão a encontrar meios de escapar de situações penosas e dificuldades. A prudência é essencial na instrução dos seus filhos, na condução dos assuntos da família e no cuidado com as suas responsabilidades domésticas. A prudência é importante! Você quer fazer uma grande diferença pela forma com que lida com a vida e as pessoas que fazem parte dela? Se esse for o caso, não saia da cama antes de pedir a Deus uma nova dose de prudência para o seu novo dia!

A prudência fala muito pouco. "Quem retém as palavras possui o conhecimento, e o sereno de espírito é homem de inteligência. Até o estulto, quando se cala, é tido por sábio, e o que cerra os lábios, por sábio" (Provérbios 17:27,28). Esses dois versículos poderiam ter como título "Pense antes de falar". A pessoa sábia fica tranquila e mantém a boca fechada. Na verdade, tamanho domínio próprio é visto como sabedoria mesmo que praticado por um tolo (v. 28).

É provável que você conheça mulheres que simplesmente não conseguem (ou não querem) parar de falar desde o momento em que você está diante delas até que de alguma forma você consiga se livrar. Normalmente, as pessoas as desculpam, dizendo: "É, ela gosta de falar". Para ser considerada ou conhecida como uma mulher sábia, ou prudente, você só precisa cerrar os lábios e mantê-los calados. O primeiro passo rumo à sabedoria e à prudência é fechar a boca.

A prudência está sempre aprendendo. "O coração do sábio adquire o conhecimento, e o ouvido dos sábios procura o saber"

(Provérbios 18:15). Tanto o prudente quanto o sábio buscam obter conhecimento e podem ser vistos como dois lados da mesma moeda: Uma pessoa prudente também é uma pessoa sábia, e uma pessoa sábia é uma pessoa prudente. Ambas estão sempre aprendendo. Ser um aprendiz implica estar sempre disposto a receber ensino.

Eis uma pergunta que é quase um enigma: Você é humilde o suficiente para saber quanto não sabe? Pergunte a si mesma: "Eu sou ensinável? Eu tenho um espírito de aprendiz? Eu tenho um plano para ganhar mais conhecimento?" Se as suas respostas forem positivas, a prudência e a sabedoria não estão distantes!

A prudência é uma escolha. "A casa e os bens vêm como herança dos pais; mas do SENHOR, a esposa prudente" (Provérbios 19:14). É interessante notar que o versículo 13, que precede esse provérbio, fala das "contenções da esposa". Juntos, esses versículos mostram dois tipos de esposas: aquela que auxilia e aquela que fere. Isso instiga as seguintes perguntas por parte das mulheres casadas: "Tenho escolhido reclamar e teimar, ou estou escolhendo edificar e encorajar o meu marido? Tenho escolhido ser uma esposa prudente?"

Você se lembra de Abigail, do capítulo 8? Ela foi uma esposa prudente, apesar do marido horrível que tinha. Ele era demais! Ainda assim, independentemente do comportamento insensato e detestável do marido, Abigail exibiu muitas das características da prudência que temos estudado neste capítulo. A vida dessa mulher (consulte 1Samuel 25:1-43) fornece um ótimo modelo de mulher e esposa prudente e cria uma lista de conferência para nós:

- Ela foi perspicaz quanto às necessidades e ânimos do momento.
- Ela exercitou o domínio próprio salvando o dia em vez de atacar.
- Ela foi modesta e humilde ao cair ao chão diante do rei Davi para apelar.
- Ela revelou o seu caráter em cada ação, palavra que disse ou deixou de dizer, e no raciocínio rápido que a levou a uma solução positiva para uma situação com risco de vida.

- Ela teve pouco a dizer além de implorar pela vida do seu povo, apaziguar o irritado Davi e apelar ao marido bêbado.
- Ela revelou a sabedoria que tinha aprendido por viver com um valentão orgulhoso e irado.

Sabedoria de Deus para o seu dia

Onde quer que Deus a encontre hoje neste mundo, quer trabalhando fora, quer em casa, ou em ambos, tenha sempre em vista essa qualidade incrível da prudência. Ela tem valor para Deus, como vimos em Provérbios. Tal bom senso será uma companhia fiel no decorrer do seu dia — e da sua vida. É como Provérbios 19:14 nos lembra: se você é casada, a sua prudência é um presente do Senhor para o seu marido.

28 CULTIVANDO UM CORAÇÃO GENEROSO

Finanças

> O que dá ao pobre não terá falta, mas o que dele esconde os olhos será cumulado de maldições.
>
> PROVÉRBIOS 28:27

uma oração

Mantém-me equilibrada, Pai! Não me dês riquezas nem pobreza. Nutre-me com o alimento que for a minha porção. Dá-me exatamente o necessário! Mantém os meus olhos voltados para o alto, tendo em vista o intuito de juntar tesouro no céu. Ajuda-me a não me preocupar quando eu pensar que não tenho o bastante ou quando a minha estabilidade for abalada e a minha confiança em ti for provada. Ajuda-me a me apegar ao que tenho com leveza — não com firmeza — para ser generosa com os outros, responsável com as minhas dívidas e sempre grata pelo que tenho. Faze o meu coração sensível aos outros e às tuas causas ao redor do mundo. Muito obrigada! Amém.

O dinheiro é um fator diário da vida e vem com uma série de problemas. É como um observador anônimo com frieza concluiu:

> É impossível vencer! Se você corre atrás de dinheiro, é materialista. Se você não ganha nada, é um perdedor. Se você ganha e guarda, é um avarento. Se você não tenta ganhar, é desprovido de ambição. Se você ganha e gasta, é um perdulário. Se você ainda tem depois de uma vida de trabalho, é um tolo que nunca teve prazer na vida.[1]

Sim, dinheiro é um fator diário da vida. Também é fonte de grande satisfação... e causador de úlceras, problemas de saúde e relacionamentos arruinados. O dinheiro pode ser usado para um grande bem... e para um mal desmedido. Somos muito felizardas, pois o nosso Deus todo-sábio colocou um manual sobre dinheiro e finanças bem no meio da Bíblia, no sempre prático e a todo momento útil livro de Provérbios.

Você não está só na sua dificuldade com o dinheiro e na administração das finanças. Líderes de governo, empresas, famílias e até igrejas se surpreendem pensando que o dinheiro é a resposta para todos os problemas. Como resultado, é fácil achar que ter mais dinheiro resolverá todos os nossos problemas.

O dinheiro é perigoso se pensarmos que ele é o meio mais fácil e exclusivo de conseguir o que queremos. Mas com a necessidade prática de dinheiro também vem um alerta na Bíblia sobre a atitude

---

[1] ZUCK, Roy B. *The Speaker's Quote Book*, citando *Bits & Pieces*. Grand Rapids, MI: Kregel Publications, 1997, p. 259.

errada com relação a ele: "Porque o amor do dinheiro é raiz de todos os males" (1Timóteo 6:10). Quando o dinheiro se torna um ídolo, ele se coloca entre nós e o nosso relacionamento com Deus.

um orçamento sem Deus

Quando entregamos a nossa vida a Cristo, Jim, eu e as nossas duas filhas éramos uma típica família pagã. Gastávamos cada centavo que ganhávamos e usávamos todos os cartões de crédito que tínhamos até o limite. Chegamos até a fazer um ou dois empréstimos sobre a hipoteca da nossa casa a fim de podermos ter o estilo de vida que desejávamos — um estilo de vida que incluía uma bela casa, carros, motocicletas, vans e viagens de férias aos montes! Mas quando começamos a frequentar a igreja, a entender mordomia e doação ou dízimo, descobrimos que, dentro do orçamento que tínhamos para o nosso estilo de vida, não sobrava nada para Deus.

A princípio, a nossa mentalidade era mais ou menos esta: "Bem, é óbvio que Deus tem se virado sem o nosso dinheiro até agora; então ele não se importaria se fôssemos à igreja, o adorássemos, celebrássemos a nossa salvação... e seguíssemos com a nossa vida sem incluir no orçamento doação de dinheiro para a nossa igreja e os seus ministérios".

Ah, como estávamos errados! Ao ler a Bíblia e observar o exemplo de outros crentes, percebemos que precisávamos ter melhor compreensão sobre dinheiro e finanças pela perspectiva de Deus. O livro de Provérbios está repleto de sabedoria prática sobre a nossa atitude com relação ao dinheiro e como usá-lo. Aqui estão algumas coisas que podemos aprender com Provérbios 28 sobre esse assunto primordial para o dia a dia — o dinheiro.

Manusear dinheiro é uma arte que se aprende. "O homem fiel será cumulado de bênçãos, mas o que se apressa a enriquecer não passará sem castigo" (Provérbios 28:20). É provável que você já tenha ouvido a expressão: "Cuidado com o que você deseja". É isso o que esse versículo está dizendo. O livro de Provérbios alerta diversas vezes sobre riqueza conquistada de forma inescrupulosa, muito rápida e à custa dos outros.[2]

Aprender como manusear dinheiro é uma arte que vem de cuidar das finanças com fidelidade e oração todos os dias. Ganhar dinheiro envolve trabalho árduo, requer um planejamento de longo prazo e poupança para a sua família e os tempos difíceis à frente. Isso se aprende com supervisão duradoura, diligente, disciplinada e repetitiva, e por meio da prática e da experiência. Essa pessoa — o homem fiel, diligente e cauteloso do versículo 20 — "será cumulada de bênçãos". Quem tem pressa para enriquecer será tentado a burlar, trapacear, mentir, apostar, quebrar a lei e desobedecer à Palavra de Deus. Ele logo fracassará e "não passará sem castigo".

Ter dinheiro não produz felicidade. "Aquele que tem olhos invejosos corre atrás das riquezas, mas não sabe que há de vir sobre ele a penúria" (Provérbios 28:22). Quem tem um espírito ganancioso, motivações egoístas e "olhos invejoso" gasta toda a sua inteligência, todo o seu tempo e toda a sua energia correndo atrás de dinheiro, simplesmente para descobrir a pobreza espiritual ao fim da sua jornada.

Leia mais uma vez o versículo. Ele diz que ter dinheiro não muda o seu coração nem promete felicidade. Ninguém nunca conheceu um avarento feliz. O coração egoísta, ambicioso, não muda ou vai embora só porque você ficou rica. Ele permanecerá exatamente tão frio e vazio quanto era sem a fortuna! Nas palavras de um pensador anônimo: "O dinheiro é um artigo que pode ser usado como passaporte universal para qualquer lugar, exceto o céu, e como provedor universal de tudo, exceto felicidade".[3]

---

[2] Consulte Provérbios 10:2; 13:11; 20:21; 21:6; 28:22.
[3] MEAD, Frank S., ed. *12,000 Religious Quotations*. Grand Rapids, MI: Baker Book House, 2000, p. 309.

Tentar adquirir dinheiro não é o caminho correto a tomar. "O cobiçoso levanta contendas, mas o que confia no Senhor prosperará" (Provérbios 28:25). A pessoa que busca dinheiro de forma gananciosa ou cobiçosa é propensa a deixar em segundo plano tudo e todos em sua corrida atrás de riquezas e poder. A sua falta de interesse pelos outros a leva a grandes contendas e angústias, especialmente nos relacionamentos. É verdade que "o amor ao dinheiro pode levar relacionamentos à ruína. Mas a administração sábia do dinheiro — e um coração focado em Deus — pode fazer uma diferença positiva na sua vida e na vida daqueles que você ama".[4]

Aquele que deseja fazer a vontade de Deus e confia que ele é o seu provedor desfrutará de paz e satisfação. Jesus disse isso com perfeição, é claro: "Buscai, pois, em primeiro lugar, o seu reino e a sua justiça, e todas estas coisas vos serão acrescentadas" (Mateus 6:33) — "coisas" como comida, água e roupas, tudo de que você precisa para sobreviver.

Repartir o seu dinheiro pode ser uma ferramenta para ajudar os outros. "O que dá ao pobre não terá falta, mas o que dele esconde os olhos será cumulado de maldições" (Provérbios 28:27). Este é um tema recorrente ao longo de Provérbios: "A alma generosa prosperará, e quem dá a beber será dessedentado e O generoso será abençoado, porque dá do seu pão ao pobre" (11:25; 22:9).

Esses provérbios dizem que quem tem um espírito generoso com as pessoas em necessidade não ficará sem recompensa, mas aquele que tem um espírito egoísta "será cumulado de maldições". A Bíblia não fala que maldições serão essas, mas a mensagem é bem clara: Não vá por esse caminho — de egoísmo e mesquinharia. Lembre-se dos pobres! Abra os seus olhos, o seu coração e a sua carteira aos que estão em necessidade. Compartilhe do que Deus tem dado a você. Quando o fizer, como os três versículos anteriormente citados asseguram, você "não terá falta, prosperará" e "será abençoada".

---

[4] *Checklist for Life — The Ultimate Handbook.* Nashville, TN: Thomas Nelson Publishers, 2002, p. 52.

A sua generosidade não precisa ficar limitada ao dinheiro. Talvez o seu orçamento esteja um pouco apertado no momento, mas você pode doar outras coisas, como seu tempo, sua ajuda e seus talentos. A mulher de Provérbios 31 foi louvada por oferecer cuidados físicos: "Abre a mão ao aflito; e ainda a estende ao necessitado" (v. 20).

Pode ser que não tenha muito dinheiro, mas você tem muito a oferecer! Os discípulos de Jesus não tinham muito dinheiro, mas, enquanto viajaram com o seu Senhor para espalhar o evangelho, eles ajudaram, alimentaram e serviram a quem estivesse em necessidade, com pequenos gestos. Quando o seu coração está fixado em Deus e você deseja obedecer à vontade dele e seguir o exemplo de Jesus, o egoísmo que você mantém em segredo se dissipará e o uso altruísta dos seus bens virá à tona. É como Jesus, o doador de tudo — que deu até a sua vida —, nos ensina: "Não acumuleis para vós outros tesouros sobre a terra [...]; mas ajuntai para vós outros tesouros no céu [...] porque, onde está o teu tesouro, aí estará também o teu coração" (Mateus 6:19-21). A sua obediência aos mandamentos de Jesus lhe dará prosperidade espiritual muito maior do que qualquer sacrifício pessoal.

Doar dinheiro é uma forma de honrar a Deus. "Honra ao Senhor com os teus bens e com as primícias de toda a tua renda; e se encherão fartamente os teus celeiros, e transbordarão de vinho os teus lagares" (Provérbios 3:9,10). Os judeus do Antigo Testamento eram incentivados a seguir os mandamentos das Escrituras e dar a Deus "as primícias" da colheita. Como resultado da sua fé e obediência, Deus prometia encher fartamente os seus celeiros e fazer transbordar de vinho os seus lagares. A forma como você usa o seu dinheiro é um teste da sua confiança em Deus e do seu relacionamento com ele.

Você dá do seu "salário bruto" para Deus? Você dá o melhor para ele? Ou você dá um pouco de seja lá o que tenha sobrado do pagamento mensal? Esse é o desafio que esse provérbio estende a você. Você honra a Deus quando o coloca em primeiro lugar, seja com o seu dinheiro, seja com seu serviço, tempo ou com suas habilidades. Deus não é honrado quando é secundário na sua vida.

sabedoria de Deus para o seu dia

A maior parte das pessoas e famílias — e talvez você também — está tentando ao menos se equilibrar financeiramente. Isso faz que às vezes seja difícil pensar em doar um pouco do seu dinheiro ganho de forma árdua à igreja e aos outros. Mas esse tipo de raciocínio é um equívoco. Você precisa se dar conta de que não está doando a outras pessoas nem mesmo à igreja. Você está doando a Deus, como um ato de adoração.

No que diz respeito às suas ofertas, a questão não é quanto você dá, mas a atitude do seu coração quando dá a sua oferta. Isso é uma parte do que promove as bênçãos de Deus sobre você. É como Provérbios 11:25 afirma: "A alma generosa prosperará, e quem dá a beber será dessedentado". O apóstolo Paulo nos dá uma visão expandida desse conceito em 2Coríntios 9:6, onde escreve: "E isto afirmo: aquele que semeia pouco pouco também ceifará; e o que semeia com fartura com abundância também ceifará".

Querida amiga, não existe nada mais belo do que uma mulher graciosa, atenciosa, generosa e liberal. Ao encher a sua alma com a Palavra de Deus a cada dia, o seu coração transbordará em uma abundância de boas obras. Só que isso não será um trabalho! Não será uma obrigação. E não será para receber algo em troca. Não, essa oferta de coração será uma felicidade genuína, motivada pelo amor verdadeiro a Deus, que já deu tanto a você. Isso será passado aos outros por meio do seu coração puro.

Reflita sobre o nosso Senhor gracioso e generoso. Quando andava no meio do povo, ele dava às pessoas, estendia as suas mãos, ensinava, ajudava, alimentava, curava e ministrava a todas. Imagine a esperança no coração da mulher que por doze anos sofria de uma enfermidade física e pensou: "Se eu apenas lhe tocar a veste, ficarei curada" (Mateus 9:21)... e então se inclinou para fazê-lo. O nosso Jesus se alegrou com a cura dela!

Pense nas multidões que tinham fome e nada para comer, e Jesus proveu alimento a todos — com tanta generosidade, abundância e liberalidade a ponto de sobrar!

Lembre-se também do pai desesperado que implorou que Jesus salvasse a sua jovem filha moribunda, e o nosso salvador — movido de compaixão e cheio de misericórdia — estendeu a sua mão e a ressuscitou dos mortos.

A ganância nunca se mede pelo que você tem, mas pelo que retém de Deus e dos outros. O apóstolo Paulo, que observou em 2Coríntios 9:6: "Aquele que semeia pouco pouco também ceifará; e o que semeia com fartura com abundância também ceifará", prossegue no versículo 7, para nossa instrução: "Cada um contribua segundo tiver proposto no coração, não com tristeza ou por necessidade; porque Deus ama a quem dá com alegria". É simplesmente impossível dar mais do que Deus. Então dê! E quando o fizer, dê de forma distinta, liberal e amorosa, e com oração! Deus honrará o seu coração generoso. Você será abençoada e uma bênção para os outros.

Este versículo é uma oração dada por Deus que resguardará o seu coração contra a ganância hoje e sempre:

> Não me dês nem a pobreza nem a riqueza;
> dá-me o pão que me for necessário (Provérbios 30:8).

29 HUMILHANDO-SE DIANTE DE DEUS

Humildade

> A soberba do homem o abaterá,
> mas o humilde de espírito obterá honra.
>
> PROVÉRBIOS 29:23

uma oração

Deus Pai, eu peço hoje a tua ajuda para cultivar um coração que deseje a humildade, um coração que se deleite no tempo gasto de joelhos em louvor, adoração e oração. Desejo andar em humildade com o meu Deus, humilhar-me debaixo da mão poderosa do Senhor, confiando que tu me exaltarás no devido tempo. Molda-me para me tornar uma mulher que ama e serve aos outros com humildade, que se prostra continuamente para orar pelos outros, que traz no coração o exemplo da natureza humilde do teu Filho e meu salvador. Amém.

Deus é fiel em nos ensinar sobre as emoções humanas, e isso é motivo de gratidão, não é mesmo? É certo que elas podem chegar até nós de forma sorrateira e nos fazer perder a cabeça... ou nos levar a uma depressão total. Mas o nosso Senhor fiel fala na sua Palavra como administrá-las à maneira dele.

Como ocorre com muitas outras emoções, os tópicos do orgulho e humildade são abordados com frequência e clareza no livro de Provérbios. Ouvi um pregador contar esta piada em um sermão: "Eu poderia relatar alguns dos muitos exemplos em que exibi grande humildade, mas infelizmente, ao fazê-lo, eu teria apenas revelado o meu orgulho!" Então, ao nos voltarmos agora para a virtude e qualidade de caráter da humildade, permita-me contar outra história:

> O professor Smith estava escalando a montanha Weisshorn, na Suíça. Quando estava próximo ao topo, o guia se pôs ao lado para permitir que o viajante tivesse a honra de chegar primeiro ao alto. Extasiado pela vista, esquecendo-se da ventania forte que soprava, ele se elevou e ficou ereto no cume. O guia o puxou para baixo, exclamando: "De joelhos, senhor; o senhor só estará seguro se ficar de joelhos".[1]

Essa história me faz lembrar que ninguém está livre do orgulho. Em qualquer sucesso que desfrutemos, seja de escalar montanhas, seja por obter boa formação ou escrever livros, seja por realização em outra área qualquer, o orgulho é uma possibilidade muito real e

---

[1] MACDONALD, William. *Enjoying Proverbs*. Kansas City, KS: Walterick Publishers, 1982, p. 155.

uma grave ameaça. Por isso, a cada grau de sucesso que você e eu experimentarmos, a nossa única proteção contra o orgulho é estar constantemente "de joelhos". O livro de Provérbios tem muito a nos ensinar sobre a batalha entre o orgulho e a humildade, e como viver de joelhos no nosso coração e mente.

O INIMIGO número um da HUMILDADE é o OrGULHO

O orgulho é um problema do coração. "Olhar altivo e coração orgulhoso, a lâmpada dos perversos, são pecado" (Provérbios 21:4). O orgulho é basicamente uma atitude do coração e da alma, e, quando ele começa a crescer no coração da pessoa (que é o centro do seu caráter), a destruição está logo atrás! Note a progressão do comportamento pecaminoso que leva à destruição:

- Em primeiro lugar, o coração desse homem é altivo. O orgulho pode presumir uma arrogância que está descrita como "olhar altivo". Como acontece com tantos pecados de atitude, é impossível que o orgulho permaneça internalizado. Ele transparece até nos olhos. É como a passagem de Provérbios 18:12 adverte: "A arrogância precede a destruição" (NVT).
- Depois, o que está no coração logo virá à tona e contaminará o modo de falar da pessoa, levando-a a se gabar. Jesus observou: "Mas o que sai da boca vem do coração, e é isso que contamina o homem" (Mateus 15:18).
- Então vem a destruição. No Antigo Testamento, o termo "a lâmpada" é usado para descrever a vida da pessoa, que nesse versículo é "perverso". A última linha de Provérbios 21:4 poderia ser resumida para afirmar o seguinte: O estilo de vida do arrogante é perverso, e as suas atitudes e ações são pecaminosos.

Ouvimos e lemos diariamente sobre doenças do coração. Comemos para ser saudáveis, na busca de um baixo nível de colesterol.

Decidimos nos exercitar a fim de fazer o coração trabalhar e mantê-lo forte e saudável. Até tomamos medicamentos que prometem compensar o que comemos e a nossa falta de exercício.

Ainda assim, é bastante fácil negligenciarmos a natureza espiritual do nosso coração. O ponto de partida — e de chegada — para a verdadeira humildade é tratar do nosso coração. Isso começa com Jesus. Ele ordena: "Aprendei de mim, porque sou manso e humilde de coração" (Mateus 11:29).

O orgulho enfraquece a fé. "Quanto ao soberbo e presumido, zombador é seu nome; procede com indignação e arrogância" (Provérbios 21:24). Provérbios 18:12 nos diz que o orgulho leva à destruição. Que tipo de destruição? O versículo 24 de Provérbios 21 nos dá a resposta: A pessoa orgulhosa evolui, finalmente, tornando-se "zombador". O altivo, orgulhoso, logo se transforma em um escarnecedor, que ridiculariza os outros acreditando ser superior a todos. E, já que a pessoa orgulhosa "sabe de tudo", ninguém pode instruí-la.[2]

Contudo, o passo final para o escarnecedor é a consequência mais grave de uma pessoa orgulhosa, porque revela a sua atitude com relação a Deus. Ela zomba e escarnece de Deus! Ela decide, ao menos na sua própria mente, que Deus não existe. Mas, no caso de poder existir um "Deus", ela se coloca como sua própria autoridade contra Deus.

Os líderes religiosos orgulhosos dos dias de Jesus são um exemplo perfeito da progressão do orgulhoso até se tornar escarnecedor. Eles escarneceram de Jesus no decorrer do seu ministério e até quando foi pendurado na cruz para morrer. Os mesmos líderes judeus zombaram da vinda do Espírito Santo. Eles ridicularizaram os apóstolos por falarem de Jesus como Messias. Mais tarde, os filósofos gregos caçoaram enquanto Paulo falava de Jesus e da ressurreição quando se dirigiu à assembleia deles em Atenas. E os orgulhosos continuam a zombar hoje quando ouvem a mensagem do evangelho.[3]

---

[2] Consulte Provérbios 1:22; 9:8; 13:1; 15:12; 19:25.
[3] Consulte João 6:42; Mateus 27:39,40; Atos 2:13; 4:17,18; 13:44; 17:1-34; 1Coríntios 2:14.

A pessoa orgulhosa é insolente, presunçosa e arrogante no seu conceito. Ela não vê que necessita de Deus. O salmista descreve bem o orgulhoso: "O perverso, na sua soberba, não investiga; que não há Deus são todas as suas cogitações" (Salmos 10:4). Em contraste a isso, quem é humilde é fortalecido na sua fé em Deus. O humilde sabe que precisa de um salvador. Ele compreende que a salvação é pela graça, e não por mérito. Ele não merecia a mão salvadora de Deus na sua vida; então, em humilde adoração, essa pessoa dá crédito a Deus por tudo o que ela é, por tudo o que faz e por tudo o que um dia ela fará.

Uau, isso é um grito de alerta! Qualquer forma de orgulho é mortal. Talvez seja por isso que o orgulho e a humildade são tão frequentemente abordados em Provérbios. Se estiver lendo o livro de Provérbios diariamente, é mais do que certo que você receberá uma advertência diária contra o orgulho ou uma exortação diária para manifestar humildade. Provérbios oferece dois caminhos, por isso duas consequências.

Não se faz necessário ir muito longe com a minha reflexão para surgir um exemplo bíblico perfeito de uma mulher que tem a atitude correta. Ela se chama Ester. Ela deixou de ser uma órfã para se tornar a nobre rainha do Império Persa. Desde o início até o fim do livro que leva o seu nome, Ester serviu aos outros com humildade. Ela buscou conselho com outras pessoas repetidas vezes. Ao longo do livro de Ester, lemos que ela "alcançou favor" com aqueles que a conheciam. Em seu livro sobre a vida de Ester, Charles Swindoll escreve a respeito da humildade:

> Deus jamais ordenou que "parecêssemos" humildes. A humildade é uma atitude. Uma atitude do coração, do espírito. É conhecer o seu lugar [...], é conhecer o seu papel e cumpri-lo para a glória e o louvor de Deus.[4]

---

[4] SWINDOLL, Charles R. *Ester: uma mulher de sensibilidade e coragem*. São Paulo: Mundo Cristão, 1999, p. 230.

O orgulho deve ser odiado. "O temor do Senhor consiste em aborrecer o mal; a soberba, a arrogância, o mau caminho e a boca perversa, eu os aborreço" (Provérbios 8:13). Nesse versículo, a "Sabedoria" está mais uma vez falando. A sua mensagem é para aqueles que desejam ser piedosos — aqueles que temem ao Senhor — e odeiam o mal. Então a Sabedoria acrescenta que ela também odeia comportamentos malignos como "a soberba, a arrogância". Deus também odeia o orgulho: "Abominável é ao Senhor todo arrogante de coração; é evidente que não ficará impune" (Provérbios 16:5). Além disso, o orgulho é uma das "seis coisas que Deus abomina" (consulte Provérbios 6:16,17). A mensagem clara é que nós também deveríamos odiar o orgulho e qualquer comportamento em nós que o exponha.

Você está se perguntando o que fazer para buscar a humildade? Uma estudante universitária me fez essa mesma pergunta. Acredite, para mim foi um grande exercício refletir sobre a pergunta dela e as respostas bíblicas. Isso já faz algum tempo, mas aqui está a essência do que compartilhei com ela:

- *Ore.* Em oração, reclinamos o nosso espírito diante de Deus enquanto pensamos nele. O mesmo se aplica quando nos achegamos a ele como nosso Deus santo, santo, santo. Também somos quebrantados em nós mesmos quando confessamos e abordamos o nosso pecado, quando o louvamos e adoramos, quando damos graças a ele pela sua bondade conosco e quando com humildade pedimos dele o que só ele pode dar e realizar. Até a postura na oração é de humildade. A maior parte das pessoas inclina a cabeça, muitos se ajoelham e alguns se prostram.
- *Recuse-se a falar sobre você mesma.* Desvie os seus pensamentos de si mesma e volte-os para Deus. Como está refletindo sobre ele, você fala mais a respeito dele, porque é nele que você está pensando. Outra coisa, quando se determina a falar menos a respeito de si, você fica livre e disponível para ouvir o

que outra pessoa tem a dizer e descobrir mais sobre ela. Você pode se envolver em uma conversa sobre o Senhor e os problemas e necessidades da outra pessoa.

- Leia a Palavra de Deus em especial, mas também livros a respeito de irmãos em Cristo que viveram antes de você. Aprenda com a fé, os sofrimentos e as vitórias deles. Como Deus os ajudou, confortou, sustentou. Leia sobre as provações e lutas vividas pelos mártires em nome de Cristo. Tenho vários livros somente sobre esse assunto dos mártires que vieram antes de nós. O simples ato de ler sobre a vida dessas pessoas é uma experiência de humildade e tanto!

O orgulho induz a viver de forma independente. "Antes da ruína, gaba-se o coração do homem, e diante da honra vai a humildade" (Provérbios 18:12). A pessoa orgulhosa, arrogante, tem uma visão tão elevada sobre as suas capacidades que ela não quer ou precisa de qualquer contribuição de ninguém. Ela não tem problema nenhum em usar as pessoas, mas não precisa que elas a ajudem a tomar grandes decisões ou a auxiliem com pequenas coisas — como pedir orientação para um trajeto, mesmo estando evidente que se encontra completamente perdida!

Essa independência arrogante assume uma natureza ainda mais grave quando a pessoa orgulhosa acha que também pode viver muito bem sem Deus. Essa pessoa depende dela mesma em vez de depender de Deus, e o resultado cedo ou tarde será a "destruição".

O oposto se aplica àquele que recebe a presença e a contribuição de Deus na sua vida. Como ele honra a Deus e busca viver de forma humilde, Deus o honra. Quando o nosso coração está cheio de pensamentos sobre Deus, não existe espaço para ficarmos remoendo sobre nós mesmos. Quando o nosso coração está apaixonado pelo louvor e pela adoração a Deus, não existe nenhum espaço para falarmos sobre o nosso pequeno ser. Com Deus na nossa vida, não há lugar para o orgulho, porque a grandeza e plenitude dele fazem que nos tornemos conscientes do nosso fraco, pecaminoso e necessitado "eu".

O caminho para cima é para baixo

"A soberba do homem o abaterá, mas o humilde de espírito obterá honra" (Provérbios 29:23). O orgulho distorce a nossa visão sobre nós mesmos e os outros. A pessoa orgulhosa pensa que é "alguma coisa", por isso sai por aí exigindo respeito. Porém, o que se humilha, homem ou mulher, e não reivindica nem exige "nada" é incrivelmente honrado e abençoado.

Deus se deleita em reverter o caminho que pensamos ser natural, como descrito pela declaração de Jesus: "Quem a si mesmo se exaltar será humilhado; e quem a si mesmo se humilhar será exaltado" (Mateus 23:12). Considere estas pessoas e os seus atos que indicavam a sua humildade. Note também como elas foram exaltadas:

- Zaqueu *desceu* e encontrou salvação (Lucas 19:6).
- Maria Madalena *abaixou-se* e viu os anjos (João 20:11,12).
- O leproso, *prostrando-se,* recebeu purificação (Lucas 5:12).
- Pedro *prostrou-se* diante de Jesus e foi quebrantado (Lucas 5:8).
- Cristo *deu* a sua vida e assim recebeu as ovelhas (João 10:15).
- Maria *quedava-se assentada* aos pés de Jesus e aprendeu os ensinamentos do Senhor (Lucas 10:39).[5]

Jesus Cristo "desceu" a fim de nos salvar... e nos levar para o céu. Portanto, curvemo-nos diante dele hoje... e sempre. Realmente, o caminho para cima é para baixo. Precisamos descer antes de podermos subir. Até que enxerguemos que estamos perdidos, não podemos ser encontrados. Até que nos entendamos como pecadores, não podemos ser salvos. E, ao chegarmos ao céu, nos prostraremos diante do trono.[6]

---

[5] DeHaan, M. R. e Bosch, Henry G., editores e coautores. *Our Daily Bread — 365 Devotional Meditations,* 1959, 29 de fevereiro.
[6] Ibid.

Sabedoria de Deus para o seu dia

As verdades que você acabou de ler são tão belas, excepcionais e tocantes. Mas, infelizmente, existe uma luta em andamento na nossa carne. Sabemos que a humildade é a escolha correta, mas com muita frequência ainda somos orgulhosas, presunçosas e arrogantes simplesmente para odiarmos os nossos atos pecaminosos. Como podemos escapar desse estilo de vida repetitivo? Qual a solução para o nosso orgulho? Continue lendo!

O primeiro passo rumo à humildade é rotularmos a nossa obediência vacilante à sabedoria e instrução de Deus pelo que ela é com exatidão — pecado. É assim que a Bíblia a chama e como nós também deveríamos fazer.

É óbvio que o próximo passo é confessar. Toda vez que percebermos que o orgulho mostrou a sua cara feia, precisamos confessar e cair de joelhos — e ficar de joelhos. A melhor maneira de evitar o orgulho é estar sempre orando.

Enquanto estamos de joelhos, podemos dar o próximo passo e pedir a Deus que nos conceda a força dele para evitarmos o orgulho, buscando viver de forma humilde e cultivar a atitude oposta, que é a humildade.

O orgulho é altivo, mas a humildade é mansa e modesta. O orgulho foi manifesto por Satanás (consulte Isaías 14:12-14), mas a humildade foi exemplificada por Jesus. O orgulho é exaustivo, porque é um sentimento produzido por nós mesmos, mas a humildade é um sentimento produzido pelo Espírito.

O Senhor Jesus Cristo é o exemplo supremo de humildade, e ele pede que sigamos os seus passos, convidando-nos: "Tomai sobre vós o meu jugo e aprendei de mim, porque sou manso e humilde de coração; e achareis descanso para a vossa alma" (Mateus 11:29).

30 conhecendo a Deus

O objetivo principal

> Porque sou demasiadamente estúpido para ser homem; não tenho inteligência de homem, não aprendi a sabedoria, nem tenho o conhecimento do Santo.
>
> PROVÉRBIOS 30:2,3

uma oração

Deus de insondável grandeza, existe uma coisa que merece a minha completa atenção e que deveria suscitar os meus maiores esforços, que é o meu desejo de te conhecer e glorificar com tudo o que há dentro de mim. Ajuda-me a compreender que não há verdadeira felicidade nem cumprimento do teu propósito para mim à parte de uma vida vivida em teu Filho, meu salvador, e por ele, o Senhor Jesus Cristo. Leva-me a maior conhecimento do santo. Amém.

Ao entrarmos em Provérbios 30, estamos percorrendo águas profundas — um capítulo que nos ajuda a conhecer verdades mais profundas sobre Deus, o santo, a fim de podermos viver melhor os nossos dias e a nossa vida à maneira dele. J. I. Packer, autor do clássico *O conhecimento de Deus*, escreve: "Que objetivo superior, mais elevado e mais urgente pode existir do que conhecer a Deus?"[1]

Como filhas de Deus, concordamos plenamente. Conhecimento ampliado do Deus todo-poderoso é o que você e eu estamos buscando ao ler Provérbios a cada dia e a Bíblia inteira vez após vez. Oramos e cantamos: "Senhor, quero conhecer-te", e a Bíblia é o único lugar onde encontramos informação real que amplia o nosso conhecimento sobre Deus, conhecimento esse que então melhora a nossa conduta diária e aprofunda a nossa adoração.

Aprender sobre Deus exige olhar para o alto

Ao longo deste livro, tenho compartilhado os meus versículos favoritos de cada capítulo de Provérbios. Espero que você tenha desfrutado das muitas combinações de duas linhas do livro de Provérbios ao extrair sabedoria delas. No entanto, começando em Provérbios 30, leremos passagens inteiras com diversos versículos que compõem uma ideia principal. Ainda encontraremos um novo escritor, Agur, que é aclamado, elogiado, respeitado e rotulado como sábio que olhava para o alto.[2]

---

[1] Citação *on-line*.
[2] KIDNER, Derek. *Provérbios, introdução e comentário*, p. 172.

Quando lemos os primeiros nove versículos de Provérbios 30 como um todo, logo percebemos como eles são inestimáveis! Eles são ouro — ouro puro. Isso porque eles dão esclarecimento imensamente valioso sobre saber mais acerca de Deus. Isso é de vital importância para você, para mim e todos os crentes, porque o nosso conhecimento de Deus define como vivenciamos os nossos dias. O que se requer de nós para conhecermos a Deus de forma mais profunda e apurada?

Conhecer a Deus requer humildade. "Porque sou demasiadamente estúpido para ser homem; não tenho inteligência de homem, não aprendi a sabedoria, nem tenho o conhecimento do Santo" (Provérbios 30:2,3). Aqui, ao usar de exagero, o autor humano de Provérbios 30 reconhece a sua própria impossibilidade de reivindicar que tenha muito, se algum, conhecimento com relação a Deus. Ele está aberta e humildemente admitindo a sua ignorância.

A exemplo do escritor de Provérbios 30, a melhor forma de começar o seu dia é reconhecer mentalmente — e até fisicamente, de joelhos — a sua própria incompetência para entender a pessoa de Deus. Admita a sua falta — ou frouxidão — de dedicação na busca do seu alvo principal de alcançar melhor compreensão de Deus. Tenha como propósito buscar saber mais sobre o Deus do céu e da terra. Isso ajudará você a viver o seu dia dependendo das competências e dos recursos de Deus. E o melhor de tudo é que isso a ajudará a viver o seu dia olhando para o alto.

Conhecer a Deus requer um coração submisso. Agur fez cinco perguntas. Enquanto as lê, concentre-se em responder a estas questões e no que elas ensinam a respeito de Deus!

> Quem subiu ao céu e desceu?
> Quem encerrou os ventos nos seus punhos?
> Quem amarrou as águas na sua roupa?
> Quem estabeleceu todas as extremidades da terra?
> Qual é o seu nome, e qual é o nome de seu filho,
>   se é que o sabes? (Provérbios 30:4).

É como ler poesia! Na verdade, isso é poesia bíblica, mas essas nobres reflexões e descrições foram escritas por Agur, "um homem de fé que [era] um artista e um observador do caráter".³

As perguntas feitas no versículo 4 podem ter apenas uma resposta, porque vão além das capacidades do leitor — e do escritor — de responder com mais de uma palavra que não seja "Deus"! O crescimento espiritual no conhecimento de Deus requer três passos:

- Entender e admitir a sua ignorância sobre Deus,
- Reconhecer o seu orgulho em pensar que conhece a Deus e
- Começar a contemplar a magnitude do poder, da força e do mistério de Deus.

Agora avançamos para o alvo principal de conhecer a Deus.

Essa atitude humilde e submissa nos leva de volta a Provérbios 1:7: "O temor do SENHOR é o princípio do saber". Todo dia em que você vive olhando para o alto em admiração e reverência a Deus, em adoração e glorificação a ele, e procurando mais conhecimento do santo, é um dia vivido para a glória do Senhor.

Conhecer a Deus requer acreditar na sua Palavra. "Toda palavra de Deus é pura; ele é escudo para os que nele confiam" (Provérbios 30:5). Esse versículo nos ajuda a conhecer a Deus revelando dois fatos e verdades confiáveis sobre ele.

- **Verdade nº 1:** Podemos confiar em Deus porque confiamos na sua Palavra. Da mesma forma que um metal precioso que é certificado ou aprovado pelo teste do fogo, a Palavra de Deus é verdadeira. Ela é totalmente inerrante e infalível, completamente sem erros. É como o salmista escreveu: "As palavras do SENHOR são palavras puras, prata refinada em cadinho de barro, depurada sete vezes" (Salmos 12:6).

---

³ KIDNER, Derek. *Provérbios, introdução e comentário*, p. 172.

Podemos confiar sempre, 100% do tempo, que o que estamos lendo na Bíblia é uma imagem 100% precisa de Deus, dos seus propósitos e da sua vontade para nós. Como a Bíblia é tudo isso e ainda mais, ela é um guia seguro para a nossa vida diária. Martinho Lutero testificou: "A Bíblia é viva, ela fala comigo: tem pés, corre atrás de mim; tem mãos, ela me sustenta".[4]

- **Verdade nº 2:** Podemos confiar em Deus porque ele é escudo para os que nele confiam. Podemos confiar na sua proteção, que é perfeita, absoluta e completa. É como outro versículo nos assegura: "No temor do SENHOR, tem o homem forte amparo, e isso é refúgio para os seus filhos" (Provérbios 14:26).

Deus tem como papel na nossa segurança, proteção e bem-estar ser o nosso escudo e nos manter seguros. A nossa função é confiar nele, voltar-nos para ele, correr para ele e refugiar-nos nele quando estivermos em perigo e carentes de proteção. É como Charles Bridges, escritor devocional do século 19, expôs com emoção: "Confiança bendita, a qual traz um escudo de graça especial sobre o seu filho vacilante! [...] Em todas as condições internas e externas — quando eu estremecer diante dos terrores da lei, na hora da morte, no dia do julgamento —, 'Tu és [...] meu escudo'".

Mais à frente Bridges concluiu: "Nada honra mais a Deus do que voltar-se para ele em cada momento de necessidade. Se existe descanso, segurança de paz, proteção em algum lugar, é aqui. Caso contrário, onde se encontra?"[5]

Para mim, é impossível pensar em Deus como meu escudo de proteção sem pensar automaticamente em um dos meus salmos preferidos, que recito para mim mesma quase todo dia: "Desde os confins da terra clamo por ti, no abatimento do meu coração. Leva-me para

---

[4] WELLS JR., Albert M. *Inspiring Quotations — Contemporary & Classical*, 1988, p. 15. Em http://elescreram.blogspot.com/2015/04/o-pensamento-de-martinho-lutero.html
[5] BRIDGES, Charles. *A Modern Study in the Book of Proverbs*, revisado por George Santa. Milford, MI: Mott Media, 1978, p. 703,704.

a rocha que é alta demais para mim; pois tu me tens sido refúgio e torre forte contra o inimigo" (Salmos 61:2,3).

Conhecer a Deus requer somente a Palavra dele. "Nada acrescentes às suas palavras, para que não te repreenda, e sejas achado mentiroso" (Provérbios 30:6). Você não se sente segura por saber que não precisa de nenhuma outra fonte fora da Bíblia a fim de conhecer a Deus? A Palavra de Deus é suficiente. Ela é o registro pessoal de quem ele é e de tudo o que ele fez — e fará — por você e pelo seu povo.

John Wesley escreveu: "Todo o conhecimento que você deseja está contido em um livro, a Bíblia", e Charles Wesley exortou: "Seja uma pessoa de um livro só — o livro". Esses dois gigantes da fé estavam se referindo à Bíblia. Leia-a antes de qualquer outra coisa. Julgue todo o restante que você ler e ouvir sobre Deus e como viver uma vida piedosa pelo que a Bíblia — "o livro" — diz.

Conhecer a Deus dá confiança para se aproximar dele. "Duas coisas te peço; não mas negues, antes que eu morra..." (Provérbios 30:7-9). Você está chocada com a maneira como Agur está abordando Deus, de fato exigindo que Deus responda aos seus pedidos? Tenha em mente, ao prosseguirmos para desvendar esses três versículos, que Agur passou os seus dias observando e meditando sobre a soberania de Deus e a sua suficiência (o que Agur expressou nos v. 1-6).

Conhecendo *um pouco* sobre Deus, Agur sentiu segurança de que poderia abordar Deus e pedir duas coisas a ele:

- **Ele orou para ter bom caráter:** "Afasta de mim a falsidade e a mentira" (30:8). Observe que Agur não orou por saúde, riqueza ou poder. Em vez disso, ele orou dessa forma porque ansiava por integridade espiritual, um caráter segundo Deus. Agur também sabia que precisava de força para sustentar essa integridade sempre que ele fosse confrontado por falsidade, mentiras e uma quantidade imensa de tentações que surgem na vida diária.

  Agur dá a todos nós, cristãos, um conselho espiritual para construir um caráter consistente: Nós devemos almejar a integridade, orar por integridade e orar de forma específica para evitarmos as tentações que nos fazem desviar da vontade santa de Deus. Podemos começar orando com as palavras de Jesus: "Pai nosso, que estás nos céus [...] não nos deixes cair em tentação; mas livra-nos do mal" (Mateus 6:9,13).

- **Ele orou por circunstâncias que não colocassem em perigo o seu bom caráter:** "Não me dês nem a pobreza nem a riqueza" (Provérbios 30:8). Agur sabia que os dois extremos de "não ter o suficiente" e de "ter mais do que o suficiente" podem levar a pecar.

    Por exemplo, é provável que você saiba por experiência como é não ter o suficiente — o que apresenta o seu gênero próprio de tentações. Você poderia ser tentada a roubar ou mentir a fim de ter o bastante — o que desonra a Deus. Outra coisa, quando acha que não tem o suficiente, você é tentada a falar mal de Deus e se perguntar: "Onde está Deus quando eu preciso dele? Será que ele não vê que nós não temos o suficiente? Por que ele está se recusando a nos ajudar? Ele não se importa?"

    A outra tentação chega quando temos demais. Se tivermos mais do que o satisfatório, poderemos com facilidade nos descuidar no amor a Deus e na dependência dele para nos sustentar. Podemos ser tentadas a pecar esquecendo que necessitamos de Deus. Também podemos cair no pecado do orgulho, tomando para nós o crédito pela nossa prosperidade e capacidade pessoal de nos sustentarmos.

Assim como Agur, quando conhece a Deus de forma mais profunda, você almeja integridade espiritual e força para manter essa integridade — mesmo quando confrontada pelas tentações da vida diária.

Observando uma variedade de imagens em palavras

Os primeiros nove versículos de Provérbios 30 estão completamente recheados do "compreensivo conhecimento e poder que tudo vê de

Deus".⁶ Mas, como você já aprendeu no início deste capítulo, Agur era "um homem de fé que [era] um artista e um observador do caráter". No restante do capítulo 30, ele observa e "pinta" imagens vivas:

- Da necessidade de equidade para os desfavorecidos (v. 10).
- Do horror da arrogância (v. 11-14).
- Da natureza do desejo inesgotável (v. 15-17).
- Das pessoas, criaturas ou coisas que retratam tudo daqueles que são insuportáveis aos que são imponentes (v. 16-31).
- Do chamado final à humildade (v. 32,33).

Sabedoria de Deus para o seu dia

O capítulo 30 de Provérbios nos dá muita coisa sobre o que refletir! Tantas coisas para tentar entender! Muitas razões para adorar o santo! Várias verdades sobre Deus que podemos aprender e esconder no nosso coração!

Como você e eu podemos buscar o objetivo principal de conhecer a Deus? Fazendo como Provérbios 30 instrui:

- Depender da Palavra de Deus por completo.
- Investigar profundamente a Palavra de Deus todos os dias.
- Depender do escudo de Deus para obter proteção.
- Aproximar-se de Deus por meio da oração.
- Desejar viver em humildade diante de Deus.

Agora, analise Provérbios 30. Esse capítulo começou modesto, com reclamações sobre a ignorância e a falta de

---

⁶ JAMIESON, Robert, FAUSSET, A. R. e BROWN, David, eds. *Commentary on the Whole Bible*. Grand Rapids, MI: Zondervan Publishing House, 1971, p. 473.

conhecimento de Deus. Então começou a mudar de forma pontual rumo ao objetivo principal de conhecer a Deus e refletir sobre a sua majestade, grandeza e o conhecimento do santo.

Enquanto lê o fechamento deste capítulo, observe a evolução de Agur ao se afastar das suas queixas e reclamações seguindo rumo à maior compreensão das verdades do Deus altíssimo. Desfrute deste devocional resumido do "quadro geral" feito pelo escritor.

> Agur estava se sentindo assombrado, insignificante e limitado. Mas, quando virou as costas para a sua própria pequenez, para contemplar a grandeza de Deus, uma atmosfera de segurança preencheu o restante do capítulo. Ele começou com uma imagem pequena, não maior do que ele mesmo, mas logo olhou para o quadro geral e se esqueceu de que estava esgotado e enfraquecido. Deus deu a ele um novo e revigorante ponto de vista.[7]

---

[7] WILSON, Neil S. *The One Year Book of Proverbs*, 30 de janeiro.

31 TORNANDO-SE BELA AOS OLHOS DE DEUS

Excelência

> Enganosa é a graça, e vã, a formosura, mas a mulher que teme ao Senhor, essa será louvada.
>
> PROVÉRBIOS 31:30

uma oração

Ó Deus imutável, tu és o mesmo ontem, hoje e sempre. Assim como eras no início, tu és agora e também serás por toda a eternidade. A excelência descreve o Senhor em todas as coisas. Que eu também viva uma vida que tenha como alvo a excelência em tudo. Que, hoje, as minhas escolhas, ações e pensamentos sejam aqueles que caracterizam uma mulher que teme ao Senhor. Que neste dia eu traga honra e admiração ao teu santo nome. Amém.

Tendo o privilégio de me juntar ao meu marido e um grupo de alunos do seminário em uma viagem de estudo por três semanas à Terra Santa, comecei a pensar seriamente, mais ou menos na metade da nossa viagem: "Onde eu estava com a cabeça?" Eu estava em pé próximo à margem do mar Morto, em Israel, na encosta do nosso próximo assunto a ser estudado — Massada, uma enorme fortaleza natural. Quase caí para trás quando olhei para cima, e ainda mais para cima! A trilha íngreme era de quase 400 metros — numa reta — até o topo!

Bem, louvado seja Deus, consegui chegar ao cume... apenas para ter que descer novamente mais tarde! Aquela escalada foi tão memorável que escrevi sobre ela no meu livro *Bela aos olhos de Deus*.[1] Usei essa subida extenuante como exemplo do objetivo e atribuição de Deus para a nossa vida como mulheres, a fim de aspirarmos às muitas virtudes encontradas e descritas na mulher virtuosa de Deus em Provérbios 31:10-31.

Um capítulo com dois retratos

O capítulo final de Provérbios, que é o livro de sabedoria do Senhor, é para mim tanto um consolo quanto um desafio. Ele tem me consolado todos os dias desde a primeira vez em que o li, porque firmou os meus pés em um caminho seguro como mulher. Eu vivi em meio a completa confusão até perceber que Deus — sim, Deus — estava me dizendo nesses 31 versículos exatamente como eu deveria viver.

---

[1] São Paulo: United Press, 2002.

Até hoje, quando levanto da cama, sei como Deus quer que eu inicie o meu dia... e a minha vida. Sei quais são as minhas prioridades — prioridades, exemplo e instrução que ele me dá em Provérbios 31.

E, ah, que desafio! Eu estava sempre procurando algo — qualquer coisa! — que me trouxesse alegria e satisfação; que me desse propósito e fosse significativo. Porém, toda solução ou moda que eu seguia era fugaz. Talvez a minha aventura mais recente fosse divertida e me desse mais uma adrenalina. Mas, quando descobri o que Deus queria de mim e para mim, eu soube que pela sua graça eu poderia fazer a diferença todos os dias ao seguir o seu plano e realizar o que ele desejava.

Duas figuras incríveis são entregues de bandeja a nós em Provérbios 31.

O retrato do coração de uma mãe. Transporte-se de volta no tempo e ouça em segredo uma conversa íntima entre uma mãe sábia e o seu jovem filho. O versículo 1 abre o capítulo 31 de Provérbios nos contando algumas coisas sobre o autor e o mensageiro: "Palavras do rei Lemuel, de Massá, as quais lhe ensinou sua mãe". Aqui, vemos um retrato de uma mãe dedicada e fervorosa que transmitiu a sabedoria que segue ao seu filho. Ela está ensinando ao rapaz o básico sobre o comportamento correto de um homem e a liderança íntegra de um rei (v. 2-9). Ela está preparando com empenho o seu filho amado — o jovem príncipe — para governar como um rei bondoso e íntegro — um rei com caráter piedoso.

Você tem filhos do sexo masculino? Se tiver, aqui está um breve esboço do que essa mãe de um futuro rei despejou sobre o filho.

- O seu filho era precioso para ela. Ele era *filho* (repetido três vezes) *do* [seu] *ventre* e *filho dos* [seus] *votos,* um filho que havia sido consagrado ao Senhor. Toda criança precisa saber que é preciosa e amada intensamente pela mãe.
- O seu filho, o futuro rei, não deveria se envolver com imoralidade, ter múltiplas esposas nem negligenciar seu papel de governante do povo ou distrair-se dele. Toda criança precisa ser instruída,

advertida e admoestada sobre as consequências de se desviar do plano perfeito de Deus para o casamento.
- O seu filho, o futuro rei, não poderia se entregar ao álcool ou à bebedeira. Beber "não é próprio dos reis [...] nem dos príncipes". Toda criança precisa ser educada com relação aos resultados desastrosos que acompanham a bebida. Para um rei ou governante, a intoxicação poderia fazer que ele esquecesse o que havia decretado e deturpar o seu raciocínio e julgamentos.
- O seu filho, o futuro rei, necessitaria ser um juiz íntegro, proteger e defender os interesses e direitos dos pobres e aflitos. Deus deixa clara a sua compaixão pelo pobre na sua lei, e toda criança deveria ser ensinada a ter essa mesma compaixão.

É óbvio que o escritor dessa passagem nunca se esqueceu do que a sua mãe ensinou. Ele se tornou rei — o rei Lemuel — e em Provérbios 31 está passando adiante as instruções que a sua mãe amorosa, dedicada e benevolente garantiu que ele recebesse, para as pessoas e mães de geração em geração.

Como mãe e educadora, eu nunca me canso de dizer e enfatizar quão importante é ensinar o caminho de Deus aos filhos. É verdade que "a boca fala do que está cheio o coração" (Mateus 12:34). Isso significa que é de vital importância que o seu coração esteja saturado com Deus, a Palavra dele e com virtudes espirituais. Na sua lei, Deus instruiu aos pais que os seus estatutos e as suas palavras deveriam estar no coração dos pais e ser transmitidos aos seus filhos:

> Amarás, pois, o SENHOR, teu Deus, de todo o teu coração, de toda a tua alma e de toda a tua força. Estas palavras que, hoje, te ordeno estarão no teu coração; tu as inculcarás a teus filhos, e delas falarás assentado em tua casa, e andando pelo caminho, e ao deitar-te, e ao levantar-te (Deuteronômio 6:5-7).

A mãe do rei Lemuel ensinou ao filho os padrões de Deus e as virtudes espirituais que seriam necessárias à sua vida. Ela ensinou a ele como ser um homem de Deus e um líder do povo de Deus. Se você é mãe, esse chamado se estende a você também. Preencha o seu coração com as coisas de Deus. Depois ensine aos seus filhos com esse coração nutrido. De fato, "O coração da mãe é a sala de aula do filho".[2]

O retrato do coração de uma esposa. Nos versículos 10-31, essa mãe sábia continua a ensinar e instruir o seu jovem filho. Nesses versículos, ela descreve o tipo de mulher que o seu filho prestes a ser rei deveria procurar. Ele precisa tentar encontrar e se casar com uma mulher de caráter excelente, uma mulher cujo coração seja de fato um tesouro raro: "Mulher virtuosa, quem a achará? O seu valor muito excede o de finas joias" (v. 10).

Talvez porque o seu filho fosse muito novo, essa mãe sábia organizou as qualidades de uma "mulher virtuosa" usando o alfabeto hebraico. Essa disposição que usa o estilo da alfabetização poderia ser aprendida com rapidez, memorizada com facilidade, recitada com frequência; era impossível de esquecer e por isso ficaria gravada permanentemente na tábua do coração do menino.

Desfrutando das alturas de Provérbios 31:10-31

Como mencionei, cheguei ao topo do Massada. Louvado seja Deus, pela sua graça terminei o livro que eu estava pesquisando e escrevendo sobre Provérbios 31 — todas as 304 páginas! Preciso dizer que a sabedoria, as ilustrações com palavras e as descrições da mulher de Provérbios 31 têm me guiado desde a primeira vez em que li esse livro inteiro há tantos anos. Estremeço ao pensar: "E se eu tivesse parado de ler Provérbios no meio do caminho... e nunca tivesse chegado ao fim? E se eu nunca tivesse lido esse capítulo final de Provérbios sobre as muitas qualidades excelentes que Deus deseja ver desenvolvidas em mim e em todas as mulheres?"

---

[2] DEHAAN, M. R. e BOSCH, Henry G. *Our Daily Bread.* Grand Rapids, MI: Zondervan, 1959, 8 de maio.

Eu era como o rapazinho que estava aprendendo com a mãe as lições registradas em Provérbios 31. Igual àquela criança, eu não sabia quase nada sobre a Bíblia. Cresci durante o movimento de libertação feminina e tinha adotado as suas visões contestadoras e rebeldes sobre o papel da mulher na vida. Quando terminei de ler os 22 versículos que descrevem o que "uma mulher piedosa" é e faz, um peso tremendo foi tirado da minha alma. Senti como se estivesse nas alturas do Massada com uma visão clara e ampla de como Deus queria que eu vivesse cada dia da minha vida. Finalmente, eu tinha orientação! Eu possuía a imutável Palavra de Deus. Eu dispunha da verdade. E com a mulher virtuosa de Provérbios 31 eu ainda tinha um exemplo, um modelo a seguir na minha vida!

O que torna uma mulher "virtuosa"?

Uma das dezenas de contribuições notáveis feitas pela mulher de Provérbios 31 é a liderança que ela exibia no lar. Embora fosse casada com um líder da comunidade, captamos a forte impressão de que ela gerenciava o lar e tomava muitas decisões importantes a respeito do bem-estar da família. Não há dúvidas de que o seu marido era um homem de poder, mas essa mulher era "a força por trás do homem"! Ele cuidava dos assuntos do governo da cidade, enquanto ela tratava das questões do governo do lar.

O que torna essa mulher tão especial? Em uma palavra, "caráter". Este livro inteiro apresentando "Provérbios para o dia de uma mulher" se trata de caráter. De virtudes. As virtudes que Deus deseja, exalta e espera nas suas filhas. Consulte as páginas do Sumário e veja a lista! E essa é apenas uma lista parcial. Aqui em Provérbios 31, as qualidades positivas de caráter que testemunhamos ao longo de todo o livro de Provérbios parecem estar contidas nessa mulher virtuosa — a mulher de Provérbios 31. Além de ser uma excelente mãe, ela também é:

Uma excelente mulher

- Ela é diligente no trabalho — "De bom grado trabalha com as mãos" e "Estende as mãos ao fuso, mãos que pegam na roca" (v. 13,19).
- Ela cuida da casa — "Atende ao bom andamento da sua casa e não come o pão da preguiça" (v. 27).
- Ela age de forma adequada — "A força e a dignidade são os seus vestidos" (v. 25).

Uma excelente esposa

- Ela busca o bem do marido — "Ela lhe faz bem e não mal, todos os dias da sua vida" (v. 12).
- Ela tem a confiança dele — "O coração do seu marido confia nela" (v. 11).
- Ela complementa a posição dele — "Seu marido é estimado entre os juízes, quando se assenta com os anciãos da terra" (v. 23).

Uma excelente dona de casa

- Ela veste a família como a realeza — "Todos andam vestidos de lã escarlate" (v. 21).
- Ela toma conta da família — "Dá mantimento à sua casa e Atende ao bom andamento da sua casa" (v. 15,27).
- Ela usa de sabedoria nas compras — "De longe traz o seu pão" (v. 14).

Uma excelente mulher de negócios

- Ela é criativa — "Ela faz roupas de linho fino, e vende-as" (v. 24).
- Ela faz contatos comerciais — "Dá cintas aos mercadores"" (v. 24).

- Ela é segura no trabalho — "Ela percebe que o seu ganho é bom" (v. 18).
- Ela tem um plano e um sonho — "Examina uma propriedade e adquire-a; planta uma vinha com as rendas do seu trabalho" (v. 16).

UMA EXCELENTE VIZINHA

- Ela dá aos pobres — "Abre a mão ao aflito" (v. 20).
- Ela ajuda os necessitados — "Ainda a estende ao necessitado" (v. 20).
- Ela fala com sabedoria e bondade — "Fala com sabedoria, e a instrução da bondade está na sua língua" (v. 26).

Sabedoria de Deus para o seu dia

A mulher maravilhosa descrita nesses 22 versículos costuma ser desprezada e zombada em nossa cultura atual. Satanás e o mundo corrompido pintaram essa mulher nobre, que é muito bela aos olhos de Deus, como algo arcaico, antiquado e ridículo. Leia hoje Provérbios 31 em espírito de oração, mais uma vez. Peça que Deus, o Senhor de toda a sabedoria, mostre o valor dessa mulher a você. Tenha um novo olhar quanto à verdadeira beleza deslumbrante dessa autêntica dama. Maravilhe-se ao assimilar o belo retrato dessa mulher primorosa. Deus a colocou aqui para todo o sempre a fim de que você tenha um exemplo eterno do que ele quer que você vivencie e um modelo que é belo aos olhos dele.

Ao encerrarmos este capítulo com o versículo 31, vemos a recompensa dessa mulher: "Dai-lhe do fruto das suas mãos, e de público a louvarão as suas obras".

Essa senhora cuja vida nós temos contemplado neste capítulo escolheu viver a sua vida incógnita e dar frutos que crescem somente na sombra. Longe dos olhares e da vista do público, ela estava ocupada em casa cuidando da família e dos que tinham necessidade.

Outra coisa, assim como você, ela se aventurou fora de casa, onde tinha um papel no meio do povo e abençoava a sua comunidade. Ela vendia os seus artigos feitos à mão para obter rendimento, plantava e tomava conta de uma vinha que adquiriu com os recursos que ganhou e economizou.

Uma mensagem essencial que está bastante clara em Provérbios 31:10-31 é que o caráter é fundamental. A excelência é resultado do caráter, e o caráter é cultivado todos os dias, a cada escolha feita.

Outra mensagem primordial que essa mulher extraordinária nos traz através dos séculos é esta: Dentro de casa — seja em uma mansão, um apartamento, um casebre de barro, seja no campo missionário, seja em um *trailer* —, não existe tarefa insignificante demais nem esforço tão pequeno que não mereça a sua atenção. O mundo pode ridicularizar a mulher de Provérbios 31 e rir dela, mas isso não importa, porque o seu verdadeiro louvor vem de Deus. E esse é o louvor pelo qual você anseia, não é mesmo? Em vez de se preocupar com o que o mundo pensa ser importante, concentre-se nesse seu cantinho chamado lar. Então você — sendo a mulher virtuosa do Senhor — será louvada por...

- ... seu mérito — "O seu valor muito excede o de finas joias" (v. 10).
- ... sua dedicação — "Levantam-se seus filhos e lhe chamam ditosa; seu marido a louva" (v. 28).
- ... sua reputação — "Tu a todas sobrepujas" (v. 29).
- ... sua força — "A força e a dignidade são os seus vestidos" (v. 25).

- ... sua devoção a Deus — "A mulher que teme ao SENHOR, essa será louvada" (v. 30).

Quando Mathew Henry encerrou o seu comentário devocional sobre Provérbios 31, ele escreveu: "Desta maneira é vedar este espelho às senhoras, o qual se deseja que abram e pelo qual se vistam; e, se o fizerem, será verificado que os seus adornos serão louvor, honra e glória à imagem de Jesus Cristo".[3]

---

[3] HENRY, Mathew. *Commentary on the Whole Bible*. Hendrickson Publishers Inc., 1991, p. 1027.

Apêndice 1

TIrando o máxImo De Provérbios

Enquanto adolescente no ensino médio, eu amava literatura inglesa e adorava ler poesia. Eu era tão romântica! Nas aulas, aprendi que a poesia inglesa se baseia em rima e métrica. Mas, quando comecei a ler Provérbios, percebi que esse livro era um tipo de poesia diferente da que me havia sido apresentada na escola. A poesia inglesa contém sonetos ou muitos grupos longos de versos, mas Provérbios é essencialmente formado por declarações curtas e concisas que nos dão a sabedoria e os preceitos de Deus para a vida de forma rápida, em poucas palavras memoráveis.

A estrutura De Provérbios

Eis um pouco de informação técnica que ajudará você a entender os provérbios que estiver lendo e garantirá que você retire o máximo possível de cada versículo. Como Provérbios é poesia antiga dos hebreus, não depende de rimas para o seu atrativo. Em vez disso, esse livro segue o paralelismo. Existem seis tipos de paralelismo encontrados no livro de Provérbios. Uma vez que aprendi a reconhecer essas estruturas diferenciadas, a minha compreensão fez um avanço enorme! Os "enigmas" de Provérbios ficaram mais claros.

- Provérbios sinônimos: A primeira linha afirma um fato, o qual é repetido na segunda linha, ambas dizendo em essência a mesma coisa. A segunda linha normalmente começa com a palavra "e", como em Provérbios 1:5 e 11:25:

Ouça o sábio e cresça em prudência;
e o instruído adquira habilidade.

A alma generosa prosperará,
e quem dá a beber será dessedentado.

- Provérbios antitéticos: A primeira linha afirma um fato positivo e a segunda linha afirma o fato oposto ou negativo. A segunda linha costuma começar com a palavra "mas", como em Provérbios 3:33 e 10:7:

A maldição do Senhor habita na casa do perverso,
porém a morada dos justos ele abençoa.

A memória do justo é abençoada,
mas o nome dos perversos cai em podridão.

- Provérbios sintéticos: A primeira linha aborda um assunto e a segunda dá mais informações sobre o mesmo tópico. A segunda linha pode incluir ou começar com "e", como em Provérbios 10:18 e 9:13:

O que retém o ódio é de lábios falsos,
e o que difama é insensato.

A loucura é mulher apaixonada,
é ignorante e não sabe coisa alguma.

- Provérbios integrados: A primeira linha inicia um tema e a segunda o completa. Por exemplo, em Provérbios 22:6 lemos:

Ensina a criança no caminho em que deve andar,
e, ainda quando for velho, não se desviará dele.

- Provérbios parabólicos: A primeira linha começa com uma ilustração da vida usando palavras intensas e a segunda fornece uma analogia relacionada, como observamos em Provérbios 11:22 e 25:3:

Como joia de ouro em focinho de porco,
assim é a mulher formosa que não tem discrição.

Como a altura dos céus e a profundeza da terra,
assim o coração dos reis é insondável.

- Provérbios comparativos: A primeira linha contém uma declaração que é então comparada à segunda afirmação. Muitos provérbios comparativos costumam ser mencionados como provérbios do "melhor do que", como lemos em Provérbios 12:9 e 15:16:

Melhor é o que se estima em pouco e faz o seu trabalho
do que o vanglorioso que tem falta de pão.
Melhor é o pouco, havendo o temor do SENHOR,
do que grande tesouro onde há inquietação.

Duas estruturas adicionais de provérbios

Os leitores costumam se deliciar com esses dois tipos adicionais de provérbios. Eles também dão ao leitor um meio fácil para se lembrar das instruções nos versículos:

- Provérbios numéricos: Esse é um grupo ou seção de provérbios que começa com números: "Seis coisas o SENHOR aborrece", como observamos em Provérbios 6:16-19. No caso de Provérbios 30:15-31, o número de comparações troca de duas — "A sanguessuga tem duas filhas" — para três — "Há três coisas que nunca se fartam" — e então para quatro — "quatro que não dizem: Basta!".

- Provérbios acrósticos: Provérbios 31:10-31 é um grupo, ou seção, acróstico de provérbios apontado como "Mulher virtuosa". Cada um dos 22 versículos começa com uma letra sucessiva do alfabeto hebraico.

Apêndice 2

Autores e esboço do livro de Provérbios

Como Provérbios 1:1 declara: "Provérbios de Salomão, filho de Davi, o rei de Israel", os leitores costumam presumir que o livro inteiro foi escrito por um autor — Salomão. Na verdade, há vários autores. Além de Salomão, que escreveu a maioria dos provérbios, há também:

> As palavras dos sábios (22:17-24),
> Palavras de Agur (cap. 30) e
> Palavras do rei Lemuel (cap. 31).

Quem foi Salomão? Ele foi o rei mais sábio, mais rico e de maior prestígio no seu tempo. Deus usou Salomão para completar a construção do templo e como juiz justo sobre o povo. Como filho de Davi (que foi um homem segundo o coração de Deus — Atos 13:22), Salomão tinha muito a compartilhar, pois Deus o abençoou com entendimento quando ele pediu sabedoria em vez de riquezas e honra (2Crônicas 1:10). A Bíblia diz que Salomão proferiu três mil provérbios (1Reis 4:32), mas nem todos eles estão registrados no livro de Provérbios.

Em um sentido técnico, o próprio Deus é o autor divino de todo o livro de Provérbios — e de toda a Bíblia.

Deus soprou todos os provérbios e palavras de sabedoria maravilhosos e instrutivos que formam esse inestimável livro de sabedoria (2Timóteo 3:16) usando Salomão e outros.

Um esboço estrutural de Provérbios

1ª PARTE — AS VIRTUDES DA SABEDORIA (1—9)

Esses capítulos tratam de forma extensiva sobre o assunto da "Sabedoria", usando a imagem de um pai exaltando as virtudes da sabedoria e desafiando o filho a viver uma vida sábia. Esses provérbios estão em forma de discurso didático.

2ª PARTE — OS PROVÉRBIOS DE SALOMÃO (10:1—22:16)

Essa seção contém 375 provérbios de contraste (10:1—15:33) e provérbios sinônimos (16:1—22:16) que são atribuídos a Salomão. Essa divisão é a parte com a qual as pessoas estão mais familiarizadas quando pensam em Provérbios — duas linhas paralelas de versículo contrastando uma com a outra ou concordando entre si.

3ª PARTE — OS DIZERES DOS SÁBIOS (22:17—24:34)

Esse segmento compreende os provérbios dos "sábios", ou trinta ditados de sabedoria. O estilo dessa seção retorna ao padrão dos capítulos 1—9, que era um discurso proverbial.

4ª PARTE — PROVÉRBIOS COPIADOS PELOS HOMENS DE EZEQUIAS (25:1—29:27)

Esses também são provérbios de Salomão, compilados pelo bom rei Ezequias trezentos anos após a morte de Salomão. Da mesma forma que o primeiro conjunto de provérbios de Salomão, esses são provérbios do tipo paralelos de duas linhas.

5ª PARTE — AS PALAVRAS DE AGUR (PROVÉRBIOS 30)

Já que Agur e o seu pai, Jaque, são desconhecidos, alguns tradutores sugerem que eles não são pessoas reais, mas que poderiam ser traduzidos por "coletor" ou "colecionador" de provérbios.[4] Esse capítulo é mais semelhante ao livro de Eclesiastes do que qualquer outra divisão de Provérbios. As mensagens são dizeres sombrios, gerados por sofrimento e derrota, formulando perguntas em vez de respostas.[5]

6ª PARTE — AS PALAVRAS DE LEMUEL (31:1-9)

Assim como ocorre com Agur, não temos conhecimento sobre o rei Lemuel. Mas temos as preocupações e instruções que uma mãe piedosa transmitiu ao seu filho. Ela advertiu o filho amado sobre dois comportamentos depravados: sexo ilícito e álcool em excesso.

7ª PARTE — A FIGURA DA MULHER VIRTUOSA (31:10-31)

Essa seção pode ter sido escrita por Lemuel, como pode ser um apêndice ou epílogo anônimo do livro de Provérbios. É um acróstico alfabético, o que significa que cada um dos 22 versículos começa com uma letra consecutiva do alfabeto hebraico. Todos os 22 versículos são como pérolas agrupadas em um cordão para produzir um colar atraente de graça e beleza. (Para uma dissertação mais profunda sobre esses versículos, consulte *Bela aos olhos de Deus*[6] e *Discovering the Treasures of a Godly Woman*[7] [Descobrindo os tesouros de uma mulher espiritual].)

---

[4] ALDEN, Robert L. *Proverbs — A Commentary On An Ancient Book of Timeless Advice*, p. 207.
[5] Ibidem.
[6] São Paulo: United Press, 2002.
[7] GEORGE, Elizabeth. *Discovering the Treasures of a Godly Woman*. Eugene, OR: Harvest House Publishers, 2003.

Sobre a autora

Elizabeth George é uma escritora e palestrante renomada no campo da literatura cristã. Ela é mundialmente reconhecida por sua habilidade em combinar ensinamentos bíblicos com conselhos práticos. Seus livros já atingiram a extraordinária cifra de quase 10 milhões de cópias e foram traduzidos para quase 20 idiomas. Ela é formada em Ciências da Educação pela Universidade de Oklahoma, EUA. Entre seus mais de 15 títulos publicados pela Editora Hagnos estão os best-sellers *Uma mulher segundo o coração de Deus*, *Bela aos olhos de Deus* e *Meditações da mulher segundo o coração de Deus*. Ela é casada com o escritor e pastor Jim George. O casal é membro ativo da igreja Grace Community, em Sun Valley, Califórnia, EUA. Suas obras inspiradoras e edificantes impactam milhões de vidas e ajudam as mulheres a fortalecerem sua fé e a viverem vidas mais centradas em Deus. Elizabeth continua a escrever e falar em conferências, compartilhando sua sabedoria e experiência com um público global. Para obter mais informações sobre os livros de Elizabeth, inscrever-se para receber os seus informativos e entrar no seu *blog* (em inglês), favor fazer contato por:

www.ElizabethGeorge.com

Sua opinião é importante para nós.
Por gentileza, envie-nos seus comentários pelo e-mail:

editorial@hagnos.com.br